L'AGNÈS DE BELLEVILLE,

COMÉDIE-VAUDEVILLE EN TROIS ACTES, TIRÉE DE LA PUCELLE DE BELLEVILLE DE M. PAUL DE KOCK,

Par MM. Paul de Kock et Cogniard frères,

REPRÉSENTÉE POUR LA PREMIÈRE FOIS, A PARIS, SUR LE THÉATRE DES FOLIES-DRAMATIQUES, LE 25 AOUT 1835.

PERSONNAGES.	ACTEURS.	PERSONNAGES.	ACTEURS.
M. TROUPEAU, ancien marchand de crin............	M. NEUVILLE.	TONDU, portier............	M. BELMONT.
VAUXDORÉ, vieux garçon..	M. CLÉMENT.	VIRGINIE, fille de Troupeau.	Mlle ERNESTINE.
AUGUSTE MONTREVILLE, jeune peintre............	M. DUSSERT.	ADRIENNE, amie de Virginie.	Mlle SUZANNE.
DOUDOUX..................	M. PALAISEAU.	Mlle BELLAVOINE, grand' tante de Virginie........	Mme DUMAS.
GODIBERT, lancier........	M. ARNOLD.	DES AMIS FORMANT LA SOCIÉTÉ. DEUX VALETS.	

La scène est à Belleville aux premier et deuxième actes, le troisième à Paris.

ACTE PREMIER.

Le théâtre représente un joli jardin anglais, des bosquets, des bancs de gazon, etc., etc.

SCÈNE PREMIÈRE.

TROUPEAU, VAUXDORÉ, GODIBERT, DOUDOUX, HOMMES ET DAMES de la société.

(Au lever du rideau, la société se promène dans le jardin, qui est décoré pour une fête. Troupeau fait les honneurs, et semble recevoir les complimens de chacun.)

CHŒUR.

AIR : *La belle nuit, la belle fête.*

Ah ! c'est charmant, la belle fête !
Ah ! quel beau jour (*bis*) pour nous s'apprête.
Il faut ici nous divertir,
Amis (*bis*) soyons tout au plaisir.

TROUPEAU. Je vois que la société est fort satisfaite..... Cette fête me fera honneur dans Belleville..... qu'en dis-tu, Vauxdoré?...

VAUXDORÉ. C'est fort bien !.... c'est fort bien ! (*A part.*) Quoique ça, j'ai vu mieux que ça.

TROUPEAU. Quand on a des moyens... on ne regarde pas à la dépense !...

DOUDOUX, *à droite, à part.* O Virginie !... sylphide de Virginie !..... pourquoi as-tu quitté le jardin ?

GODIBERT, *de même à gauche.* Où diable se cache donc la petite ?.. Si je pouvais la rencontrer en particulier !...

TROUPEAU. Messieurs et mesdames..... (*La société se rapproche de Troupeau*). Vous n'avez pas tout vu !... Nous avons une balançoire...

DOUDOUX. Une balançoire?

TROUPEAU. Magnifique... Par exemple elle n'est pas très-solide, mais en n'allant pas fort, on ne tomberait pas de haut... Ensuite, nous avons un jeu de bagues qui ne tourne pas, il est vrai, mais ça étourdit moins... Enfin, vous trouverez au bout de cette allée des petites montagnes russes sur lesquelles il est impossible de ne pas dégringoler...

GODIBERT. En fait d'amusemens frivoles, vous n'auriez pas un tir à l'oiseau?

TROUPEAU. Non, monsieur Godibert, nous n'avons pas de tir, parce que cela fait peur à ma tante, Mlle Bellavoine, mais nous avons un jeu de boules, ce qui revient exactement au même...

DOUDOUX. Monsieur Troupeau... nous danserons ce soir... n'est-ce pas?

TROUPEAU. Non, monsieur Doudoux, on ne dansera pas... cela déplaît à ma tante, Mlle Bellavoine... elle trouve que c'est un exercice qui donne trop de mouvement à la jeunesse... mais nous aurons un superbe feu d'artifice qui remplacera avantageusement la contredanse... Oh! nous nous divertirons beaucoup...

VAUXDORÉ, *bas à Godibert.* Oui... si la tante le permet !...

TROUPEAU. Mais, vous n'avez pas visité mon potager... Oh! je vous en prie, allez donc y donner un coup-d'œil... vous serez émerveillé de mes artichauts... J'ai du cerfeuil à hauteur d'homme, et des potirons gros... comme des cabriolets...

REPRISE DU CHŒUR.

Ah! c'est charmant, la belle fête!
Ah! quel beau jour (*bis*) pour nous s'apprête.
Il faut ici nous divertir,
Amis (*bis*) soyons tout au plaisir (*bis*.)

(*La société s'éloigne en chantant en chœur.*)

SCÈNE II.
TROUPEAU, VAUXDORÉ.

VAUXDORÉ. Comment, mon cher Troupeau, tu donnes une fête pour célébrer l'anniversaire de ta fille Virginie, et tu ne veux pas qu'on danse... est-ce qu'il y a de bonnes fêtes sans violon?

TROUPEAU. Vauxdoré, j'ai la prétention de croire que je ne suis pas bête et que je sais me conduire. Après avoir fait une fortune... je puis dire agréable, dans le crin et la laine... je me suis retiré à Belleville, où, avec dix mille livres de rentes, du vin de Grenache dans sa cave et un piano droit dans son salon, on jouit de la plus haute considération !... Mais, Vauxdoré, j'ai une fille unique... unique dans son genre, je puis le dire, et sur laquelle sont concentrées toutes mes entrailles de père... depuis que le ciel m'a retiré Mme Troupeau, mon épouse... (*Il ôte sa casquette.*) Femme estimable... qui n'a jamais méconnu ses devoirs, et qui était de première force sur la gelée de groseilles...

VAUXDORÉ. Bonne épouse, bonne mère, qui a emporté les regrets de sa famille et de ses amies.

(*Troupeau attendri serre la main de Vauxdoré, tire son mouchoir et se mouche.*)

TROUPEAU. Je pourrais donner une jolie dot à Virginie, mais ce n'est rien auprès de la fortune que doit lui laisser ma tante Bellavoine, qui ne s'est jamais mariée dans le seul but de rester demoiselle...

VAUXDORÉ. Et puis, parce qu'aucun homme n'a jamais voulu d'elle... eh... eh... eh... Ce n'est pas par méchanceté que je dis ça.

TROUPEAU. Sais-tu bien, Vauxdoré, que Mlle Bellavoine donnera vingt-cinq mille livres de rentes à sa petite-nièce?.. Ma fille Virginie devient alors un très-grand parti... elle peut aller à tout, épouser un homme d'un rang supérieur..... Ecoute donc, quand on est riche on peut regarder en l'air...

VAUXDORÉ. Entre nous, Troupeau, tu achèteras cher cette fortune-là.

AIR : *Homme obligeant.*

Je te plains fort de vivre avec ta tante,
C'est une femme à vous pousser à bout;
Elle est sévère, et bougonne et méchante,
Criant toujours...

TROUPEAU.

Eh! qu'importe, après tout!
De disputer mon âme est peu jalouse;
Parfois pourtant ce bruit vient m'égayer :
Je me figure, en l'entendant crier,
Etre encore avec mon épouse (*bis*).

VAUXDORÉ. Ce n'est pas une raison pour trembler devant ta tante, comme si tu n'avais que dix ans, et pour élever ta fille avec une rigidité ridicule...

TROUPEAU. Vauxdoré... tu exagères... une jeune fille, comme le dit Mlle Bellavoine... c'est une fleur qu'on doit élever dans une serre... et je n'ai point à me repentir de la manière serrée dont j'ai élevé Virginette... c'est l'innocence habillée en femme!

VAUXDORÉ. Je rends justice à ta fille !... il n'y a pas un mot à dire sur son compte... j'y vois clair, moi... tu sais... rien ne m'échappe !... Ce n'est pas comme la petite

Adrienne, cette jeune orpheline que ta femme a recueillie. Belle action!... (*Troupeau ôte sa casquette.*) Digne des premiers tems de l'Écriture-Sainte!... Mais elle est terriblement gaie, Mlle Adrienne!... Elle aime passablement à rire avec les jeunes gens!.. eh... eh... eh... Ce n'est pas par méchanceté que je dis ça...

TROUPEAU. Cette jeune fille me fait de la peine à cause de son inconséquence... et ma tante Bellavoine ne peut pas la souffrir.

VAUXDORÉ. Pourquoi alors la garder dans ta maison?...

TROUPEAU. Ma fille Virginie s'y est tellement attachée, qu'elle ne pourrait jamais se séparer de sa sœur de lait... car c'est ainsi que Mme Troupeau (*il ôte sa casquette*); qui était bonne comme une brebis... se plaisait à l'appeler... La mère d'Adrienne lui avait recommandé sa fille... et tant que mon épouse vécut, jamais Virginie ne mangea une tartine de confitures sans qu'Adrienne n'ait reçu une autre tartine couverte du même enduit. Mais il se fait tard... et je ne vois pas arriver...

VAUXDORÉ. Est-ce que tu attends encore du monde?

TROUPEAU. Oui.... j'espérais.... qu'un grand personnage de mes amis...

VAUXDORÉ. Tu es ami avec de grands personnages... je n'en ai jamais vu chez toi.

TROUPEAU. C'est qu'il n'y est pas encore venu... en effet... c'est un jeune seigneur, le comte de Senneville... un charmant garçon qui me doit quelque argent, et n'a jamais voulu me payer exprès pour conserver des relations avec moi...

VAUXDORÉ. Voilà qui est bien flatteur pour toi!

TROUPEAU. Mais j'entends beaucoup de bruit... serait-ce lui?

VAUXDORÉ. Non, c'est ta tante, qui a l'air de gronder la petite Adrienne...

SCÈNE III.

LES MÊMES, Mlle BELLAVOINE, ADRIENNE.

(Mlle Bellavoine et Adrienne entrent en chantant.)

ENSEMBLE.

Mlle BELLAVOINE, *entrant toute courroucée.*
AIR *du Dieu et la Bayadère.*

C'est vraiment épouvantable,
C'est d'honneur abominable,
Quoi, dans cette maison,
Agir de cette façon!...
Ah! qu'on craigne ma colère,
Que l'on change de manière,
Sans quoi, tout est fini...
Je ne reste pas ici!...

ADRIENNE.
Qu'ai-je fait d'épouvantable?
Qu'ai-je fait d'abominable?
Quoi, dans cette maison,
Crier de cette façon!...
Pourquoi donc cette colère?
Vous vous calmerez, j'espère,
Ou sans quoi, Dieu merci!
Je ne reste pas ici!...

MADEMOISELLE BELLAVOINE. C'est trop fort!... mademoiselle, c'est trop fort...

TROUPEAU. Ma respectable tante... Calmez-vous, et daignez me dire ce qui vous fait sortir de votre douceur habituelle....

VAUXDORÉ, *à part.* Elle est jolie sa douceur habituelle...

MADEMOISELLE BELLAVOINE. Voici le fait, mon neveu... C'est mademoiselle que vous voyez, que je viens de surprendre près d'un buisson de gobéas avec le sous-officier de lanciers, il la tenait sous les bras et tous les deux chantaient et sautaient de la façon la plus leste et la plus inconvenante!!!

ADRIENNE. Eh bien, madame, où est le mal?... c'est le galop que je dansais, monsieur Godibert me l'apprenait... c'est une danse fort à la mode maintenant...

MADEMOISELLE BELLAVOINE. Ah! les demoiselles vont le galop à présent... Quelle horreur!... il me semble, mon neveu, que je vous avais donné mon opinion sur toute espèce de danse...

TROUPEAU. Ma bien-aimée tante, il n'y a pas cinq minutes que je la prohibais dans ce jardin...

ADRIENNE. Mais, monsieur, vous ne m'avez jamais dit qu'il y eût du mal à danser...

MADEMOISELLE BELLAVOINE. Enfin, mademoiselle, on vous répète que cela ne me convient pas... il me semble que je dois faire loi ici...

TROUPEAU. Oui, certainement, ma tante fait loi.

MADEMOISELLE BELLAVOINE. Voyez ma nièce Virginie... est-ce qu'elle danse?.. est-ce qu'elle saute comme une chèvre? je ne lui ai permis que la révérence.

TROUPEAU. Encore la fait-elle sans plier les genoux...

ADRIENNE. Mon Dieu! mademoiselle, cela suffit!... je ne danserai plus... (*A part.*) La drôle de fête où il est défendu de s'amuser.

MADEMOISELLE BELLAVOINE. Allez, madame, allez prendre exemple sur ma nièce. Dans ce moment savez-vous ce qu'elle fait messieurs...

TROUPEAU. Nous l'ignorons totalement, ma digne tante.

MADEMOISELLE BELLAVOINE. Elle fait des petits bateaux de cartes qu'elle regarde voguer sur le grand bassin...

TROUPEAU. O charmante enfant!... des petits bateaux de cartes... comme je reconnais mon sang !.. je ferai des capucins, moi !... Allez, Adrienne, allez.

AIR *tyrolien.*

Par vos ébats,
Ne fâchez pas
Ma tante
Si charmante;
Car la douceur
Et la candeur
Sont les vertus du cœur.

ADRIENNE.

Cela suffit,
On obéit.

(*A part.*)

Plus de danse;
Quelle démence !
Je conçois ça,
A cet âge-là.
Elle est trop vieille pour cela.

(*Adrienne salue et sort.*)

SCENE IV.

Les Mêmes, *excepté* ADRIENNE.

VAUXDORÉ. Cette petite tient beaucoup à se divertir... elle est fort gaie... cette petite... elle a un certain air... et ce n'est pas par méchanceté que je dis ça...

MADEMOISELLE BELLAVOINE. C'est une effrontée... voilà ce que c'est... oui, mon neveu, une effrontée.

AIR *du Petit Courrier.*

Loin de craindre les séducteurs,
Je vois dans le siècle où nous sommes
Les filles rire avec les hommes;
Mais c'est un attentat aux mœurs.
On ne me fait point cette injure ;
Je suis demoiselle, et pourtant
Aucun homme, je vous l'assure,
Ne sourit en me regardant.

VAUXDORÉ, *à part.* Je le crois !...

MADEMOISELLE BELLAVOINE. Et cette Adrienne est l'amie... la compagne de ma nièce, d'une enfant que je veux conserver intacte comme moi.

TROUPEAU. Ma chère et honorée tante... vous savez...

MADEMOISELLE BELLAVOINE. Je sais, mon neveu, que madame Troupeau votre femme (*Troupeau ôte sa casquette*) avait pour ainsi dire adopté cette jeune fille, mais la jeunesse de Virginie doit vous rendre plus sévère sur le choix de ses compagnes... J'ai quitté ma maison de Senlis pour venir voir par moi-même comment vous éleviez ma petite nièce, et si je ne suis pas satisfaite, je vous avertis que je pars, que je retourne dans mes propriétés...

TROUPEAU. Il me semble, ma digne tante, que vous ne pouvez vous plaindre du moral de ma fille...

MADEMOISELLE BELLAVOINE. Je lui rends justice, mon neveu : Virginie est innocente, soumise, elle se tient droite, baisse les yeux devant le monde et rougit dès qu'on lui parle...

VAUXDORÉ. Et même quand on ne lui parle pas... oh! pour mademoiselle Virginie!..... C'est un bouton de rose..... que le zéphir ne pas peut se flatter d'avoir ouvert encore... eh... eh... eh... eh... eh...

MADEMOISELLE BELLAVOINE. Monsieur Vauxdoré... point de mots à double sens, je vous en prie...

TROUPEAU. D'autant plus que voici ma fille...

SCENE V.

Les Mêmes, VIRGINIE.

(*Virginie s'avance timidement et les yeux baissés.*)

VIRGINIE, *faisant un bouquet et ayant l'air de ne pas voir ses parens.*

AIR *de Délia* (du Sylphe).

Rose et lilas... bon, cela se marie;
Mettons encor du jasmin, des œillets.
Ah! je voudrais pouvoir toute ma vie
Passer mon tems à faire des bouquets !

LES AUTRES, *à part en la regardant.*

Dans ses yeux la candeur brille,
C'est un ange, sur ma foi!

VIRGINIE,

Ah! quand on est jeune fille,
On doit penser comme moi (*bis*).

MADEMOISELLE BELLAVOINE. Regardez un peu si cette tenue ressemble à celle de mademoiselle Adrienne...

TROUPEAU. Cher enfant !..... l'agneau sans tache !... viens, ma Virginette, viens, nous parlions de toi...

VIRGINIE, *saluant.* Ah! bonjour, ma tante... voulez-vous bien accepter ce bouquet?

MADEMOISELLE BELLAVOINE. Avec plaisir mon enfant. (*Elle l'embrasse.*)

VAUXDORÉ. Salut à l'héroïne de la fête!

VIRGINIE, *révérence*. Bonjour, monsieur Vauxdoré...

VAUXDORÉ, *saluant*. Et moi le vôtre, mademoiselle.

TROUPEAU. Eh bien! Virginette, es-tu satisfaite de la fête que je te donne?

VIRGINIE. Oh! oui, papa... j'ai fait de petits bateaux en carte et puis j'ai joué à pigeon vole, ça m'a beaucoup amusé.

MADEMOISELLE BELLAVOINE. A la bonne heure... Pigeon vole! voilà des amusemens que je permets.

TROUPEAU. Fille incomparable... c'est l'âge d'or de la vertu!

VIRGINIE. Mon papa, je venais vous dire qu'il est arrivé du monde.

TROUPEAU. Du monde! encore! ah! mon Dieu!... si c'était mon ami, le comte de Senneville...

MADEMOISELLE BELLAVOINE. En effet! mon neveu, vous nous aviez fait espérer la visite de ce jeune seigneur... cela m'aurait flattée...

VIRGINIE. Oh! ce n'est pas un comte qui vient de venir, c'est un tapissier retiré, de vos amis...

TROUPEAU. Chapotet..ça sera Chapotet... allons, il faut que j'aille le recevoir... ce sera le douzième..... vous permettez, ma tante...

MADEMOISELLE BELLAVOINE. Allez, mon neveu.

TROUPEAU. C'est égal, ce serait bien fatigant de s'amuser tous les jours.

AIR : *Missolonghi*.

Je vais recevoir
Ce convive
Qui m'arrive ;
J'ai toujours l'espoir
De voir le comte ce soir! (*Il sort.*)

VIRGINIE, *à part, en voyant son père s'éloigner*. Et d'un! (*Haut.*) Ma tante... est-ce que vous ne ferez pas votre cent de piquet aujourd'hui?

MADEMOISELLE BELLAVOINE. Pourquoi cette question, ma nièce?

VIRGINIE. C'est que ce vieux monsieur qui joue toujours avec vous est arrivé et vous attend dans le salon.

MADEMOISELLE BELLAVOINE. Ah!... c'est bien, merci mon enfant... je vais le rejoindre... j'ai une revanche à prendre... Vous, Virginie... continuez à goûter des amusemens modestes, et surtout ne soyez pas toujours avec votre Adrienne.

VIRGINIE. Non, ma tante.

MADEMOISELLE BELLAVOINE. Mettez encore une épingle ici, ma nièce..... ce fichu ouvre trop... Voyez-moi... est-ce que je laisse entrevoir la moindre chose...

VIRGINIE. Oh! non, ma tante...

MADEMOISELLE BELLAVOINE. Là...... comme ceci... c'est beaucoup mieux. (*Elle l'embrasse sur le front.*) Au revoir, monsieur Vauxdoré...

VAUXDORÉ, *saluant*. Et moi le vôtre, mademoiselle. (*Mademoiselle Bellavoine s'éloigne.*)

VIRGINIE, *la regardant sortir*. Et de deux!...

VAUXDORÉ, *à part*. Ces vieilles filles, pourvu que ça joue au piquet et que ça empêche les autres de danser... c'est tout ce qu'elles veulent..... moi ce que j'aime ce sont les propos..... les petites aventures qu'on se raconte mystérieusement... C'est pas par méchanceté...

VIRGINIE. Monsieur Vauxdoré.

VAUXDORÉ. Qu'est-ce que c'est... mon enfant!...

VIRGINIE. Savez-vous pourquoi la femme de ce gros employé de Paris est allée se promener avec son cousin le médecin à l'autre bout du jardin auprès du petit bois, où il n'y a aucun jeu?

VAUXDORÉ. Bah!... vraiment la femme de l'employé se promène... tiens... tiens... tiens... tiens... ça me fait penser qu'avant-hier... j'ai perdu un gant de ce côté-là... je vais aller le chercher.

VIRGINIE. Voulez-vous que je vous aide...

VAUXDORÉ. Oh!... non... merci... merci.... je saurai bien le trouver tout seul.... (*A part.*) Une jeune femme..... un petit cousin... dans un bois qui est très-épais.. et surtout très-peu fréquenté....... il faut furieusement aimer la solitude.

AIR : *Encore un préjugé*.

C'est pas par méchanceté !
Mais j'aime à voir ce qui se passe ;
Quoi qu'on dise ou qu'on fasso,
Je sais toujours la vérité.
Telle est ma destinée :
Le scandale est mon élément.
J'ai perdu ma journée
Quand je n'apprends rien de piquant.
En tout tems je conspire ;
Ce sont des cancans qu'il me faut,
C'est là ce qui fait rire,
Loin d'en manquer, j'en fais plutôt.

Reprise.

C'est pas par méchanceté, etc.

(*Il s'éloigne.*)

SCENE VI.

VIRGINIE, *seule*.

(Après s'être bien assurée qu'elle est seule, elle prend tout-à-coup un ton leste et gai.)

Et de trois!... enfin, la place me reste!.. je savais bien que je trouverais moyen de les éloigner.... M. Doudoux m'a suppliée de lui accorder ici un instant d'entretien. Ce pauvre jeune homme, il me regarde toujours d'un air si malheureux, que je n'ai pu lui refuser..... avec ça que voilà dix fois au moins qu'il murmure. Ah! mademoiselle, si vous saviez!... Dam!... je ne serais pas fâchée de savoir..... il est tant soit peu gauche, monsieur Doudoux, il sort du collége et il ne sait rien inventer.. heureusement que je sais imaginer. Et ma tante qui croit que j'ai peur des hommes... Il me semble à moi... que ces messieurs ne viennent pas au monde pour nous faire trembler... tiens, ça m'amuse de m'entendre dire que je suis gentille... qu'on m'adore!.. Ah? voilà monsieur Doudoux!...

SCÈNE VII.

VIRGINIE, DOUDOUX.

DOUDOUX. Ah! mademoiselle... vous êtes là... Dieu! que c'est heureux... comment, vous êtes là!...

VIRGINIE. Mais vous le voyez bien, monsieur... nous sommes seuls...

DOUDOUX. Nous sommes seuls!..... ah! mademoiselle, si vous saviez...

VIRGINIE, *à part*. Il paraît qu'il ne sait pas dire autre chose... (*Haut*.) Que voulez-vous que je sache, monsieur...

DOUDOUX, *qui a été voir si personne n'écoute*. Apprenez... que je n'ose pas vous le dire!...

VIRGINIE. Alors, c'était inutile de me donner rendez-vous.

DOUDOUX. Hein?... oui... c'est vrai au fait... ça devenait inutile...

VIRGINIE, *à part*. Dieu! est-il simple?...

DOUDOUX.

AIR *de la Poupée*.

Sachez quel tourment est le mien,
Je veux vous peindre mon martyre.
Près de vous je ne trouve rien,
Et j'ai mille choses à vous dire.
C'est l'amour qui me rend muet...

VIRGINIE.

Mais parlez donc!

DOUDOUX.

Dieu! que j'suis bête.

VIRGINIE, *impatientée*.

Quand l'amour produit cet effet,
On n'demande pas de tête-à-tête.

Monsieur Doudoux, si vous ne pouvez pas commencer votre discours, dites-m'en tout de suite la fin, ce sera plus tôt fini.

DOUDOUX. La fin..... je veux bien.... (*Avec passion*.) Virginie !..... Virginie !.... savez-vous ce que c'est que l'amour ?...

VIRGINIE, *baissant les yeux*. L'amour... non, monsieur...

DOUDOUX. Eh bien! ni moi non plus.

VIRGINIE. Vraiment?

DOUDOUX. Ma parole d'honneur... je ne m'en doute pas... et pourtant... votre vue me produit un effet incohérent.. quand je vous vois, mon cœur bat sept fois plus vite, montre à la main, que lorsque je ne vous vois pas... et quand je ne vous vois pas, je ne parle plus, je ne mange plus, je ne dors plus.... Enfin... rien... rien du tout...

VIRGINIE, *à part*. A la bonne heure, il commence à dire quelque chose.

DOUDOUX. Hein?... enfin, n'importe.... si c'est de l'amour, je dois me déclarer... pour lors, je vas vous faire une déclaration... apprêtez-vous..... (*Il se jette à genoux*.) Moi... me voilà en posture...

VIRGINIE, *à part*. Tiens, c'est gentil de voir un homme à ses genoux...

DOUDOUX. Je ne vous demande plus qu'une chose, mademoiselle, c'est de ne pas me regarder... ça m'intimiderait, moi je ne vais pas vous regarder non plus, afin d'avoir tous mes moyens..... Maintenant, je veux commencer...

(*Il cherche dans sa tête*.)

SCÈNE VIII.

LES MÊMES, ADRIENNE.

DOUDOUX, *sans voir Adrienne*. Mademoiselle, je vous déclare... par le ciel... que je prends à témoin de ce que j'éprouve.... de ce que j'éprouve intérieurement...

ADRIENNE, *à Virginie*. Que vois-je? M. Doudoux à tes pieds!...

VIRGINIE, *un peu troublée*. Chut!..... chut!... c'était pour rire... ne dis rien...

(*Elle se sauve.—Doudoux ne s'est aperçu de rien; il est resté à genoux, Adrienne s'est approchée et se trouve à la place de Virginie.*)

DOUDOUX. Je vous jure..... que je dépenserai ma vie à vous aimer..... ne me regardez pas.... je ne vous regarde pas.... je vous suivrai partout...

ADRIENNE, *riant sous cape, à part*. Ah! ah! ah! ce pauvre jeune homme... amusons-nous un peu....

DOUDOUX, *qui rencontre la main d'Adrienne et qui la prend dans les siennes*. Votre main!... oh!... je tiens votre main... ne la retirez pas.... au nom de l'amour....

Virginie, laissez-moi la presser sur mon front.... sur mes lèvres.... ne me regardez pas, je ne vous regarde pas... Oh!... que je suis heureux!...

(Adrienne rit et se laisse faire.)

SCENE IX.

Les Mêmes, VAUXDORÉ.

VAUXDORÉ, *qui est arrivé en tapinois.* Qu'est-ce que j'aperçois?... bravo... jeune homme... bravo!...

DOUDOUX, *se levant subitement.* Ciel!

ADRIENNE. Ah! mon Dieu! monsieur Vauxdoré!...

DOUDOUX, *à part.* Et mademoiselle Adrienne!.. quelle fantasmagorie!...

VAUXDORÉ. Bravo, mademoiselle... chez mon ami Troupeau....... avoir des jeunes gens à vos genoux...

ADRIENNE. Je vous assure, monsieur.

DOUDOUX, *à part.* C'est un ami du papa, éclipsons-nous...

(Il se sauve.)

ADRIENNE. J'espère bien que vous ne penserez rien de mal de ce que vous venez de voir... j'étais ici par hasard, et tout cela n'était qu'une plaisanterie...

VAUXDORÉ. Comment donc!.. mais je me garderai bien de rien imaginer qui vous soit défavorable..... M. Doudoux était à vos genoux..... il vous serrait la main.... Tout cela était pour rire... eh.. eh.. eh.. c'est fort gai... en effet..

ADRIENNE, *à part.* Mon Dieu!..... il va croire... mais que faire?... dire que c'était Virginie... oh! jamais!...

VAUXDORÉ. Désespéré de vous avoir dérangée, mademoiselle, je vous laisse.. vous avez peut-être encore quelque plaisanterie à écouter..... ce n'est pas par méchanceté que je dis ça... votre serviteur. (*A part.*) Je vais amuser la société avec cette petite aventure... (*Haut.*) Je suis bien le vôtre...

(Il sort en chantant : *C'est l'amour, l'amour, l'amour..... que fait le monde à la ronde?*)

SCENE X.

ADRIENNE, *seule.*

Le méchant homme! il est capable de penser des choses... et c'est Virginie qui est cause de tout cela... mais si je l'avais nommée, on l'aurait grondée... sa tante est si sévère... Cette chère Virginie, je l'aime trop!... Je dois trop à sa mère... pour vouloir jamais lui attirer du chagrin!....

SCENE XI.

ADRIENNE, VIRGINIE.

VIRGINIE, *revenant doucement derrière les arbres.* Adrienne... es-tu seule?...

ADRIENNE. Ah!... te voilà, tu ne sais pas ce qui vient de se passer?...

VIRGINIE. Quoi donc...

ADRIENNE. M. Vauxdoré a vu M. Doudoux qui était encore à genoux... Toi, tu étais partie... et il a dû penser...

VIRGINIE, *riant.* Ah... ah... vraiment!

ADRIENNE. Tu ris... Moi je ne trouve pas cela drôle... Sais-tu, Virginie... que je ne suis pas contente de toi?

VIRGINIE. Ah! mon Dieu!... de quel air tu me dis ça! est-ce que tu vas me faire de la morale comme ma grand'tante?

ADRIENNE. Non... mais je t'aime assez pour te dire ce que je pense... Allons, viens t'asseoir là... et causons.

(Elle s'assied sur un banc de gazon à gauche.)

VIRGINIE, *à part.* Le grand lancier m'a dit dans un quart d'heure... j'ai encore le tems. (*Haut, en allant s'asseoir sur le banc près d'Adrienne.*) Voyons donc ce que tu veux me dire... mais je t'en prie, que ça ne soit pas long... les grands discours me donnent envie de dormir.

ADRIENNE. Virginie... tu sais que je suis ta meilleure amie... Ta bonne mère a eu pour mon enfance les soins les plus tendres... et je conserverai toujours pour sa mémoire une éternelle reconnaissance!

VIRGINIE. C'est très-bien,... mais il y a long-tems que je sais cela...

ADRIENNE. Aujourd'hui, tout est bien changé pour moi dans cette maison! Ta tante me déteste, parce que je ris volontiers quand on me parle... Elle me croit légère, inconséquente... Elle se trompe bien, ta tante... car il y a long-tems que les hommages passagers des jeunes gens... ne peuvent plus rien sur moi...

VIRGINIE. Quoi, vraiment?

AIR *du Lord et de la Modiste.*

Lorsque des messieurs te courtisent,
Qu'ils te parlent de leurs désirs,
Tu restes froide à ce qu'ils disent,
Et tu te ris de leurs soupirs.

ADRIENNE.

Oui, je me ris de leurs soupirs,
A me plaire en vain ils prétendent,
Tous leurs discours sont superflus ;
Ce cœur, hélas! qu'ils me demandent,
Depuis long-tems je ne l'ai plus. (*bis.*)

VIRGINIE.
Eh! quoi vraiment, tu ne l'as plus?

VIRGINIE. Bah! tu n'as plus ton cœur.... qu'est-ce que tu en as donc fait?...
ADRIENNE. Je l'ai donné... à quelqu'un que j'aimerai toute ma vie!
VIRGINIE. Et tu ne m'en as rien dit encore... Oh!... c'est mal, Adrienne... et tu m'appelles ta meilleure amie...
ADRIENNE. Allons... ne te fâche pas...
VIRGINIE. Si, je veux me fâcher... à moins que tu ne me dises tout de suite son nom...
ADRIENNE. Il s'appelle Auguste Montreville...
VIRGINIE. Ah! c'est ce jeune peintre dont tu m'as parlé si souvent?...
ADRIENNE. Oui... ce jeune peintre que j'ai connu à Paris, lorsque j'y demeurais, chez mon oncle... A sa mort, je suis revenue à Belleville... et je n'ai jamais osé te dire... que j'avais entretenu avec Auguste... une correspondance...
VIRGINIE. C'est bien... vous vous êtes méfiée de moi, vous ne m'avez pas cru capable de garder un secret! (*Légèrement.*) Ah!... je voudrais bien le voir ton M. Auguste, que tu dis si gentil et si aimable... où est-il maintenant?...
ADRIENNE. En Italie, mais il doit bientôt revenir pour m'épouser... car il m'épousera... il me l'a promis!...
VIRGINIE. Adrienne, est-ce là tout ce que tu avais à me dire?...
ADRIENNE. Oh! si fait... Je voulais te gronder... car, toi, tu ne ris pas avec les jeunes gens, mais tu leur accordes des rendez-vous... Je sais bien que tu ne crois pas mal faire... mais je t'en prie, Virginie, ne commets plus de telles inconséquences..... je serais si fâchée qu'on pensât mal de toi.. car je t'aime comme une sœur, vois-tu... et je sacrifierais jusqu'à mon bonheur pour assurer le tien...
VIRGINIE. Dis donc, Adrienne, as-tu fini?
ADRIENNE. Sans doute... Tu seras moins légère à l'avenir... n'est-ce pas? tu me le promets?...
VIRGINIE, *d'un air affecté.* Oui, monsieur le maître d'école. (*En riant.*) Mais... j'ai oublié de te prévenir que mon père te demandait, lorsque je suis venue... Je crois qu'il a besoin de toi pour les préparatifs de la soirée...
ADRIENNE. Oh!... alors, j'y vais tout de suite, Virginie... Tu penseras à ce que je t'ai dit, n'est-ce pas?...
VIRGINIE. Sois tranquille!

ADRIENNE.
AIR *du Triolet* ou *de l'Aiguillette bleue.*

A tout propos flatteur
Ferme toujours l'oreille.
Ce que je te conseille
N'est que pour ton bonheur,

Reprise.

VIRGINIE.

A tout propos flatteur
Je fermerai l'oreille ;
Ce qu'elle me conseille
N'est que pour mon bonheur.

(*Elle l'embrasse et sort.*)

SCENE XII.

VIRGINIE, *seule.*

C'est une bien bonne enfant, qu'Adrienne... c'est dommage qu'elle moralise toujours... Si elle s'était doutée que j'attends ici M. Godibert... ce jeune militaire qui revient d'Alger où il a tué six Bédouins, ce qui lui a fait faire la conquête des premières beautés de Belleville... Il m'a dit avoir un secret à me communiquer... je ne pouvais pas empêcher ce jeune homme de se confier à moi...

AIR : *Napoléon a traversé l'Afrique.*

Lui refuser, c'aurait été dommage ;
Car il m'a dit : Un secret pèse là,
Qui, sur mon cœur, s'il reste davantage,
Ah! je le sens, bientôt m'étouffera.
A sa prière, il fallait bien me rendre,
De ma pudeur je devais triompher ;
Pauvre jeune homme, oh! oui, je veux l'entendre,
Je dois au moins l'empêcher d'étouffer. (*bis*).

Ah!... le voilà qui accourt.... Il a une autre tournure que M. Doudoux!...

SCÈNE XIII.

VIRGINIE, GODIBERT.

GODIBERT, *apercevant Virginie.* Mille escadrons!.... mademoiselle!..... comment vous êtes la première au rendez-vous!.... Je mériterais dix coups de plat de sabre sur les oreilles... pour m'être laissé prévenir!...
VIRGINIE. Vous aviez l'air si pressé de me parler, monsieur... que c'eût été malhonnête à moi de vous faire attendre!...
GODIBERT. Vous êtes foudroyante d'amabilité, et je suis trente fois plus heureux que je ne le mérite...
VIRGINIE. Mais, monsieur... vous aviez quelque chose... un secret à me confier...
GODIBERT. Un secret... oui..... je veux vous le dire en confidence... (*Il prend la main de Virginie.*) Ce secret...

VIRGINIE. Eh bien?...
GODIBERT. C'est que vos charmes sont une mèche allumée, et que mon cœur est le bassinet.
VIRGINIE. Je ne comprends pas bien.
GODIBERT. Je le crois ; je m'exprime comme un drôle que je suis... Eh bien ! belle enfant, je vous aime d'une force extravagante.
VIRGINIE. Quoi !... monsieur...
GODIBERT. Oui ! moi, Godibert, dit Ventre-à-Terre... Je vous préviens que si vous ne me le permettez pas.. je vous aimerai cent fois plus fort... deux cent fois plus fort... trois cents...
VIRGINIE, *l'interrompant.* Alors... j'aime autant vous le permettre.
GODIBERT. Que de bontés !... ah !... foi de lancier, je suis indigne de tant d'indulgence... mais je veux me discipliner et devenir un modèle de subordination amoureuse...
VIRGINIE. C'est qu'on prétend que vous en contez à toutes les femmes... On fait bien des propos sur votre compte...
GODIBERT. Et je les mérite... car ma parole... je suis un vrai sacripant... et je me conduis toujours indignement avec le sexe... Mais vous... vous êtes un ange... et je ne me suis jamais mal conduit avec les anges... Comme ce serait vous faire une malhonnêteté que de ne pas vous embrasser, je vais commencer l'exercice de la chose, sans vous commander...
VIRGINIE, *effrayée.* Comment, monsieur, vous voudriez m'embrasser ?
GODIBERT. Il faudrait que je fusse un polisson pour ne pas être possédé de cette envie-là...
VIRGINIE. Monsieur Godibert, je vous préviens que je ne veux pas que vous preniez de ces libertés...
GODIBERT. Pour lors, je vous embrasserai deux fois au lieu d'une... Je suis très-insolent dans ces sortes d'occasions...

AIR : *Vaudeville de la Métempsycose.*

Allons, ma tourterelle,
Allons un peu moins de rigueur ;
Il vaut bien mieux, ma belle,
Fair' les chos's de bon cœur.
Je suis une fin' mouche
Qu'on n'peut pas effrayer.
Attendez qu'on vous touche
Avant que de crier.

Reprise ensemble.

GODIBERT.
Allons, etc.

VIRGINIE.
Taisez-vous, ou j'appelle ;
Monsieur, respectez ma pudeur ;
Je veux être rebelle ;
Ah ! quell' fut mon erreur !..

(*Elle se sauve par le fond à droite ; Godibert la poursuit et se trouve nez à nez avec Adrienne, qui débouche d'une allée qui doit se trouver sur le troisième plan.*)

SCÈNE XIV.

GODIBERT, ADRIENNE, *puis* TROUPEAU *et* Mlle BELLAVOINE.

GODIBERT, *amenant Adrienne sur le devant.* Tiens... comme ça se rencontre... une de perdue... une de retrouvée !...
ADRIENNE. Que voulez-vous dire, monsieur ?
GODIBERT, *avec feu.* Que j'avais l'avantage d'être en tête-à-tête avec la charmante Virginie... et que me voilà maintenant près de la ravissante Adrienne... et puisque mademoiselle Troupeau s'est sauvée au moment où j'allais l'embrasser, c'est vous, ma toute belle, qui profiterez de la galanterie...

(Mlle Bellavoine et Troupeau paraissent au fond.)

ADRIENNE. Monsieur... je vous prie de me laisser partir.
GODIBERT, *la retenant.* Allons... modèle des amours... (*Il l'embrasse.*) Enlevé !...
MADEMOISELLE BELLAVOINE, *très-haut.* Quelle horreur !..
TROUPEAU. Il l'a embrassée.
GODIBERT, *à part.* Oh ! voilà les chevaux de frises... filons.

(*Il sort par la gauche.*)

MADEMOISELLE BELLAVOINE, *furieuse.* Eh bien ! mon neveu, croyez-vous maintenant ce que nous a dit M. Vauxdoré ?... vous refuserez-vous à l'évidence... est-ce assez de scandale pour votre maison ?...
TROUPEAU. Ma tante... vous me voyez pétrifié...
ADRIENNE. Monsieur, veuillez m'entendre... Je vous proteste...
MADEMOISELLE BELLAVOINE. Non, mademoiselle... c'est moi... que mon neveu entendra. Monsieur Troupeau... il n'y a pas deux manières d'arranger cette affaire... Ou mademoiselle sortira d'ici, ou c'est moi qui lui céderai la place...
ADRIENNE. Mademoiselle... je vous jure que c'est malgré moi que M. Godibert m'a embrassée.
MADEMOISELLE BELLAVOINE. Est-ce malgré vous aussi que vous lui avez donné rendez-vous... ainsi qu'à M. Doudoux... dites... mademoiselle ?
ADRIENNE, *à part.* Si elle savait... Mon Dieu !... quelle position...

TROUPEAU. Ma tante... vous avez raison... ceci devient trop majeure!... (*A Adrienne.*) Mademoiselle... ce soir même vous voudrez bien ne plus demeurer céans... vous quitterez cette maison que vous troublez par vos écarts...

ADRIENNE. Il suffit, monsieur.. je partirai... Quoique dans tout ce qui s'est passé... je sois innocente... je ne chercherai pas à me justifier... par reconnaissance pour la mémoire de votre femme (*Troupeau ôte sa casquette*) dont je n'ai pas oublié les bontés!... Vous me chassez... je travaillerai.

(*Elle pleure, Troupeau est attendri.*)

MADEMOISELLE BELLAVOINE. Surtout, mademoiselle, pas un mot de tout ceci à ma petite-nièce; et ne vous permettez jamais de lui écrire, je vous préviens qu'elle ne recevrait pas vos lettres.

ADRIENNE, *très-émue*. Oh! soyez tranquille, mademoiselle, je me tairai... je ne dirai pas à Virginie ce qui causera notre séparation, (*à part*) car alors mon sacrifice n'aurait rien de généreux!...

TROUPEAU. Vous me ferez savoir votre demeure, et mes largesses vous poursuivront partout...

ADRIENNE, *fièrement*. Assez, monsieur...

AIR : *Ce que j'éprouve en vous voyant.*
Je n'en veux pas, gardez votre or,
Il ne peut payer mon silence,
J'emporte là ma récompense,
A mes yeux je suis riche encor :
Gardez, monsieur, gardez votre or.
Un bienfait que l'ami té donne,
En nous pressant entre ses bras,
Un bienfait qu'elle offre tout bas,
On l'accepte; mais une aumône,
Je n'en veux pas. (*bis.*)
De la pitié, je n'en veux pas!
Gardez votre or, je n'en veux pas.

TROUPEAU. Elle ne veut rien... Accordé.

SCENE XV.

ADRIENNE, MADEMOISELLE BELLAVOINE, TROUPEAU, VAUXDORÉ, VIRGINIE, *toute la Société.*

CHŒUR *des Puritains.*
Sous ces bosquets,
Prenons le frais;
La fête
Est complète.
Une surprise, espoir charmant,
Ici nous attend.

ADRIENNE, *à part.*
Ta mère, ô Virginie!
De là-haut voit mon cœur,
Si je me sacrifie,
C'est pour toi, pour ton bonheur.

CHŒUR.
Sous ces bosquets, etc.

VAUXDORÉ. Mon cher Troupeau, je suis parvenu à réunir toute l'aimable société... et à la conduire ici pour jouir du feu d'artifice...

TROUPEAU. Ma respectable tante...... veuillez prendre place pour le feu... Messieurs et dames, c'est dans cette direction qu'il faut tourner les regards...

(*Il indique le fond à gauche.*)

VIRGINIE, *qui s'est approchée d'Adrienne.* Qu'as-tu donc... Adrienne...

ADRIENNE, *émue*. Moi... rien... rien...

MADEMOISELLE BELLAVOINE, *de sa place.* Ma nièce, venez ici... près de moi...

VIRGINIE. Oui, ma tante... (*A Adrienne.*) Cependant... on dirait que tu pleures...

ADRIENNE. Non.... mais... embrasse-moi... ça me fera du bien. (*Les deux amies s'embrassent, puis Virginie est encore appelée par sa tante. Tout le monde se place.*) Allons... il faut tout préparer pour mon départ!...

(*Elle s'éloigne tristement.*)

VAUXDORÉ, *à Troupeau.* Regarde donc... Adrienne... comme elle s'esquive avec précaution... pendant qu'on ne la voit pas.

TROUPEAU, *de même.* Mon cher... elle quitte ma maison... pour n'y rentrer jamais!...

VAUXDORÉ. Bah!...

TROUPEAU. Elle eût perdu Virginie.... Parle-moi d'une jeune fille... qui joue à pigeon vole...

(*Une bombe part, tout le monde s'écrie:* Voilà le feu ! —Tableau.)

FIN DU PREMIER ACTE.

ACTE II.

(Un salon chez Troupeau, grandes portes au fond, portes latérales, une croisée à droite, un cabinet à gauche sur le devant.)

SCENE PREMIERE.

TROUPEAU, *seul*.

(Il est à sa fenêtre, et regarde avec une longue-vue.)

Je ne vois sur la route que de la poussière... pas de comte de Senneville!... et pourtant lorsque je l'ai rencontré à Paris, il y a trois jours, il m'avait donné sa parole de gentilhomme qu'il viendrait aujourd'hui à Belleville... Depuis qu'il a vu ma fille, il y a deux mois, le lendemain de la fête que j'ai donnée, il en a été enchanté... il m'a même dit quelques mots qui m'ont fait naître des idées... Oh!... Dieu!... ma fille!... avec un comte!... ça serait par trop magnifique!... ma famille noble!...

AIR : *Vaudeville de l'Actrice*.

Pour mon nom, ô bonheur extrême!
Quel avenir j'ose entrevoir!
Déjà mon sang n'est plus le même
Quand je me livre à cet espoir.
Si ma fille devient comtesse,
Pour moi quel changement soudain ;
En m'alliant à la noblesse,
Je cesserai d'être vilain !

Mais il ne vient pas... et ma tante Bellavoine doit s'impatienter... voyons encore... c'est que je n'ai pas l'habitude des longues-vues... plus je fixe et moins je vois...

(Il se replace à la fenêtre avec sa longue-vue.)

SCENE II.

TROUPEAU, *à la croisée*, VAUXDORÉ.

VAUXDORÉ, *de la coulisse*. Au salon... c'est bien. (*Entrant.*) Hé... le voilà, ce cher Troupeau!...

TROUPEAU, *sans bouger*. Bonjour..... Vauxdoré... bonjour...

VAUXDORÉ. Qu'est-ce que tu fais donc là ?...

TROUPEAU. Mon ami, je fais ce que je peux pour voir là-dedans... c'est une longue-vue que j'ai empruntée au voisin du télégraphe... mais il me paraît que je n'ai pas encore trouvé mon point...

VAUXDORÉ. Attends... attends... je connais tout cela, moi... où veux-tu voir... sur la route?...

TROUPEAU. Justement...

VAUXDORÉ. Eh bien ! je vais te braquer. Oh ! la voici parfaitement au point ; viens ici : tu mets un œil seulement et tu bouches l'autre...

TROUPEAU. Lequel dois-je boucher... ah ! je comprends, celui qui n'est pas à la lunette...

VAUXDORÉ. Eh bien! tu dois distinguer parfaitement... Voyons, qu'est-ce que tu vois ?...

TROUPEAU. Attends... il me semble que je vois un moulin....

VAUXDORÉ. C'est ça même... il y a un moulin.

TROUPEAU. Mais je ne lui vois qu'une aile... ah! je conçois... c'est parce que je ne regarde que d'un œil... on ne voit que la moitié des objets...

VAUXDORÉ. Ah ! ah ! mon pauvre Troupeau, tu n'es pas fort sur l'optique.

TROUPEAU, *dans la même position*. Oh ! mon ami... c'est lui... non... c'est une laitière... j'ai pris son âne et ses paniers pour un cabriolet...

VAUXDORÉ. Mais qui diable guettes-tu donc?

TROUPEAU. Je ne te l'ai pas dit... c'est le comte de Senneville avec lequel je voulais te faire dîner aujourd'hui...

VAUXDORÉ. Vraiment! quelle aimable surprise !..

TROUPEAU. J'ai placé ma fille à la fenêtre de ma chambre qui donne sur la montagne... et il paraît qu'elle n'est pas plus heureuse que moi...

(Il se remet à la fenêtre avec sa longue-vue.)

VAUXDORÉ, *à part*. Bon, je saurai le premier si mademoiselle Troupeau deviendra comtesse de Senneville... et ça me fera pour demain une excellente nouvelle à répandre. (*Haut.*) Dis donc, sais-tu que madame Rigaud plaide en séparation ; et puis madame Gaudin marie sa fille à M. Godibert... tu sais ce jeune lancier qui courtisait mademoiselle Adrienne... Tiens, à propos d'Adrienne... je viens de rencontrer le jeune Doudoux, rôdant autour de ta maison... le nez au vent et l'air toujours aussi niais... il mourra de bêtise ce garçon-là...

TROUPEAU, *quittant la croisée.* Vauxdoré, veux-tu me rendre un grand service ?...

VAUXDORÉ. Parle...

TROUPEAU. Fais-moi l'amitié de monter à mon belvéder où tu trouveras un excellent télescope tout neuf, il n'a jamais servi ; de là-haut on découvre de très-loin, et tu auras peut-être le bonheur d'apercevoir le comte de Senneville sur la route... son cabriolet est bleu de Prusse et son cheval gris pommelé...

VAUXDORÉ. Très-volontiers, mon cher, du moment que ça t'oblige... (*A part.*) Et puis, de là-haut, avec un télescope, on doit voir tout ce qui se passe chez les autres... nous avons deux jeunes mariés ici près... s'ils ont laissé leurs fenêtres ouvertes... (*Il se frotte les mains en riant.*) C'est très-agréable... un télescope... tout le monde devrait en avoir.

AIR *des Époux de quinze ans* ou *Tout est contrebande.*

Rien n'est plus commode,
Moi j'adore cet instrument-là,
Et cette mode
Quelque jour prendra.

On peut, au besoin,
Voyager ainsi dans un coin,
Et pénétrer, quoique de loin,
Dans un palais, dans une échope.

Devant son miroir,
Sans se douter qu'on peut la voir,
Quand une fillette est le soir,
Que c'est gentil un télescope !

Rien n'est plus commode,
Moi, etc...

On se dit tout bas,
Bien des époux n'y voient pas,
Et dans certain ménage, hélas !...
Le plus souvent on est myope.

Un pauvre mari,
Est-il en voyage aujourd'hui ?
Que de chos's il verrait chez lui,
S'il se servait d'un télescope.

Rien n'est plus commode,
Moi j'adore cet instrument-là,
Et cette mode,
Quelque jour prendra.

Allons, je grimpe à ton belvéder.

TROUPEAU. N'oublie pas... cheval bleu de Prusse... et cabriolet gris pommelé...

VAUXDORÉ. Je t'ai compris, cela suffit.

(*Il sort.*)

SCÈNE III.

TROUPEAU, VIRGINIE, *puis* DOUDOUX.

TROUPEAU. Voyons... encore une séance !...
(Il se remet à la fenêtre.)

VIRGINIE, *sortant de la chambre de gauche, second plan.* Mais, qu'est-ce que ce petit Doudoux a donc à me faire des signes comme cela dans la rue !... il devient bien fatigant avec sa pantomime, avec ça qu'il ne sait que trois gestes...

TROUPEAU, *sans voir sa fille.* Rien... absolument rien...

VIRGINIE. Tiens, papa qui est toujours là...

DOUDOUX, *paraissant tout effaré à la porte du fond.* Mademoiselle !...
(Il s'approche de Virginie.)

VIRGINIE, *se tenant à l'écart.* Comment, monsieur, vous avez osé ?... quelle hardiesse !...

DOUDOUX.
AIR *Contredanse.*

Ah ! mademoiselle,
Soyez moins cruelle ;
Vous êtes si belle,
Je suis si brûlant.
VIRGINIE.
Que venez-vous faire ?
C'est trop téméraire,
Songez que mon père
Ici vous entend.
DOUDOUX.
Que vois-je ? ô ciel ! c'est le papa.
VIRGINIE.
Partez donc, monsieur, partez vite.
TROUPEAU, *reculant.*
Je serai beaucoup mieux de là.
DOUDOUX.
Je ne puis plus prendre la fuite.
Ah ! pendant qu'il guette,
Avec sa lorgnette,
Vers une cachette,
Dirigez mes pas.
VIRGINIE, *ouvrant la porte du cabinet.*
Là restez tranquille,
Soyez bien docile.
DOUDOUX.
Dieu ! qu'elle est subtile,
VIRGINIE, *lui fermant la porte sur le nez.*
Et ne bougez pas.
DOUDOUX, *ressortant la tête du cabinet.*
C'est bien petit... bien noir... n'importe...
j'y périrai plutôt que de vous désobéir !...
VIRGINIE, *repoussant la porte.* Je vous défends de sortir avant que je ne vous le permette. (*Haut à Troupeau.*) Eh bien ! papa, vous ne l'apercevez pas ?...

TROUPEAU, *apercevant Virginie.* Ah ! te voilà ?... non, ma chère amie... Et toi,...

ma Virginette... n'as-tu vu aucune voiture dans l'éloignement?

VIRGINIE. Aucune, papa.

TROUPEAU. Chère enfant... tu dois être comme moi, bien impatiente de revoir M. le comte de Senneville... hein?...

VIRGINIE, *baissant les yeux*. Moi... non, mon papa... je vous jure...

TROUPEAU, *à part*. Quelle innocence!... (*Haut*.) Cependant, le comte est jeune, aimable... il a de ces manières de grand seigneur... qui vont à l'âme...

VIRGINIE. Il vous a encore emprunté de l'argent... je crois?...

TROUPEAU. Oh! oui... une bagatelle!.. un millier d'écus, pour entretenir nos relations... et puis... il te trouve jolie... il a daigné... te trouver jolie et extrêmement bien élevée...

VIRGINIE. C'est beaucoup trop d'honneur... papa.

TROUPEAU. O ma fille!... si tu savais ce que j'ose espérer... Qu'il te suffise de savoir que dès aujourd'hui tu peux concevoir les espérances les plus vastes... tu peux regarder extrêmement haut...

VIRGINIE. Ce M. de Senneville n'a-t-il pas mangé tout son bien?...

TROUPEAU. Il a dépensé tout ce qu'il avait en numéraire, mais il a encore deux terres, et l'on ne mange pas de la terre aussi facilement... d'ailleurs, qu'importe, il a des titres... toi, des écus... ta tante te reconnaît pour héritière unique.

MADEMOISELLE BALLAVOINE, *de la coulisse*. Thomas! Françoise!... allez donc ouvrir!

TROUPEAU. Mais, je l'entends, cette chère tante...

(Doudoux entr'ouvre doucement la porte, pendant que Virginie et Troupeau vont au fond au-devant de la tante.)

DOUDOUX. Je crois que c'est le moment de sortir...

(Dès qu'il voit entrer Mlle Bellavoine, il ferme la porte avec vitesse.)

SCÈNE IV.

VIRGINIE, TROUPEAU, MADEMOISELLE BELLAVOINE, DOUDOUX, *caché*.

MADEMOISELLE BELLAVOINE. Mon neveu!... mon neveu!... Ah!... vous voilà... comment donc le service de votre maison se fait-il?...

TROUPEAU. Qu'y-a-t-il, ma digne tante?...

MADEMOISELLE BELLAVOINE. Voilà cinq grandes minutes qu'un jeune homme sonne à la porte d'entrée... sans qu'un seul domestique se donne la peine d'aller lui ouvrir...

TROUPEAU. Un jeune homme!... Dieu! ce doit être lui.. maudits valets.. laisser un comte à la porte!... je vais aller voir moi-même...

VIRGINIE, *qui a été regarder au fond*. C'est inutile, papa... voici ce monsieur.

TROUPEAU. Le voici!...

SCÈNE V.

LES MÊMES, AUGUSTE MONTREVILLE.

TROUPEAU, *se confondant en saluts*. Excusez-nous, monsieur le comte!... (*Envisageant Auguste*.) Ce n'est pas lui!...

AUGUSTE. Mille pardons, monsieur, d'entrer sans me faire annoncer... (*A mademoiselle Bellavoine*.) Madame...

(Il salue.)

VIRGINIE, *à part*. Il est bien plus gentil que le comte... ce jeune homme-là!...

AUGUSTE. Est-ce à monsieur Troupeau que j'ai l'honneur de parler!...

TROUPEAU. A lui-même... Troupeau, ci-devant marchand de crin, actuellement retiré à Belleville avec une jolie fortune... puis-je savoir à mon tour...

AUGUSTE. Moi, monsieur, je suis peintre, de retour d'Italie où j'ai passé quelque tems; j'ai eu occasion de connaître, à Paris, le comte de Senneville.

TROUPEAU. Vous connaissez le comte de Senneville!...

MADEMOISELLE BELLAVOINE. Asseyez-vous donc, monsieur,... je vous en prie...

TROUPEAU, *à part*. Il connaît le comte C'est sans doute un grand artiste!

VIRGINIE, *à part*. Peintre... et il vient d'Italie... serait-ce...

AUGUSTE. Hier, M. de Senneville, tout en me donnant séance, apprit que je devais me rendre à Belleville aujourd'hui pour une affaire qui m'intéresse vivement...

TROUPEAU. Je vois ce que c'est... vous avez fait le portrait de M. le comte!

AUGUSTE. Oui, monsieur...

MADEMOISELLE BELLAVOINE. Et vous venez à Belleville... pour...

AUGUSTE. Pour me marier... Mon nom, que j'aurais dû vous dire d'abord, est Auguste Montreville...

VIRGINIE, *à part*. C'est le prétendu d'Adrienne!...

TROUPEAU. Montreville!... j'ai connu un nom comme ça dans la laine...

MADEMOISELLE BELLAVOINE. Alors, monsieur, puisque vous avez vu ce cher comte, vous devez savoir que nous l'attendons aujourd'hui...
AUGUSTE. Oui, madame...
TROUPEAU, *l'interrompant*. Ma tante que voici est demoiselle depuis sa plus tendre enfance...
AUGUSTE, *à Mlle Bellavoine qui lui fait une révérence*. Pardon.... mademoiselle..... (*Il salue.*) M. de Senneville m'a chargé de vous dire qu'il ne pouvait se rendre à Belleville, car une affaire importante l'oblige de partir sur-le-champ pour l'Angleterre.
MADEMOISELLE BELLAVOINE, *vivement*. Il ne viendra pas!...
TROUPEAU, *vivement*. Ah! mon Dieu!... le comte passe la Manche!...
VIRGINIE, *à part*. J'aime autant cela.
AUGUSTE. Le comte est désolé..... et il m'a chargé de vous remettre cette lettre et ce portrait...
TROUPEAU. Un portrait!.. une lettre!.. Ah! donnez vite... Dieu! que c'est ressemblant.., tenez, ma tante... voyez.
MADEMOISELLE BELLAVOINE. En effet... c'est bien lui... son menton est frappant..
TROUPEAU. Et ses croix?.... mais vous ne lui en avez mis que deux et il me semble qu'il en a trois...
AUGUSTE. Cela importe peu pour la ressemblance...
TROUPEAU. Oh! si fait! diable!..... ça influe beaucoup.. pour la ressemblance de la boutonnière... Tiens... Virginie.. vois le beau portrait...
VIRGINIE, *qui se trouve près d'Auguste qui la regarde*. Je n'aime pas cette figure-là!
TROUPEAU. Voyons la lettre maintenant... vous permettez... Dieu!... comme on sent que cela vient d'un grand seigneur... c'est comme un sachet... elle est aux quatre fruits!...
MADEMOISELLE BELLAVOINE. Voyons donc, mon neveu, vous n'en finissez pas..
TROUPEAU, *lisant à part avec sa tante*. M'y voilà. (*Il lit.*) « Mon cher ami! (*virgule.*) » Il m'appelle son cher ami... Oh! grand homme! (*Il continue.*) « Une affaire » majeure m'oblige de partir pour Lon» dres (*point et virgule*), et cela au moment » où je raffole de votre fille... (*un point*). »
Il raffole de ma fille, quel choix d'expressions!...
MADEMOISELLE BELLAVOINE. Mon neveu, vous devenez fatigant avec vos réflexions.
TROUPEAU, *continuant*. « De votre fille » *un point*.... Décidément, cela fera une » charmante petite comtesse... (*virgule*) et

» je vous prie de me garder religieuse» ment sa main (*deux points*).. Mon voyage » ne devant durer qu'un mois au plus..... » veuillez accepter mon portrait que je » joins à cette lettre.
» *Signé.*(*virgule*), LE COMTE DE SENNEVILLE. »
C'est ravissant de délicatesse et plus bas *une poste de scriptum* : « Mes saluta» tions respectueuses à la toute aimable » demoiselle Bellavoine. »
MADEMOISELLE BELLAVOINE, *ravie*. Il y a cela?...
TROUPEAU. En toutes lettres avec un point d'exclamation...
MADEMOISELLE BELLAVOINE. Ah! quel charmant jeune homme!...
(*Pendant que Troupeau et sa tante ont été occupés à lire la lettre, Auguste, quoique préoccupé, a dû regarder deux ou trois fois Virginie, qui a dû, de son côté, baisser les yeux avec une modestie affectée.*)
TROUPEAU. Monsieur..... monsieur.... pardon... j'ai oublié...
AUGUSTE. Montreville...
TROUPEAU. Monsieur Montreville.. vous resterez à dîner avec nous?..... n'est-il pas vrai?..
AUGUSTE. Monsieur...
VIRGINIE. Ah! monsieur, vous ne pouvez refuser..... D'ailleurs vous êtes peintre... et il y a de charmans points de vue dans notre jardin...
TROUPEAU. Un ami du comte de Senneville doit nécessairement prendre quelque chose chez moi! (*A part.*) J'achèterai un énorme cantaloup.
MADEMOISELLE BELLAVOINE. Mon neveu a raison, monsieur... nous serons charmés...
AUGUSTE. J'accepte, d'ailleurs j'ai particulièrement à vous parler...au sujet...
TROUPEAU. C'est très-bien... mais dites-moi... pourrais-je encore répondre un mot au comte et vous chargeriez-vous...
AUGUSTE. De le lui faire parvenir à Londres... très-volontiers...
TROUPEAU. Vous m'enchantez..... alors je cours mettre la main à la plume. (*A part.*) Je ne sais pas si je dois lui écrire en bâtarde... ou si la coulée est préférable... Oh!... j'y suis, parbleu... puisqu'il est à Londres... je vais lui écrire en anglaise.... ça le flattera. Ma chère tante.... veuillez venir me donner votre avis.
MADEMOISELLE BELLAVOINE. Je vous suis, mon neveu...
TROUPEAU. Toi, Virginie, tiens compagnie à monsieur.... je reviens incessam-

ment. (*A part.*) Elle l'épousera!.... c'est pour en mourir!...

Air : *Mes petits agneaux.*

Allons, partons.... (*A Auguste.*) Excusez-nous, Monsieur, vous voulez bien permettre,
Nous reviendrons après la lettre,
Faites ici comme chez vous.

ENSEMBLE.

Allons, partons, etc.

(*Il sort avec M*^{lle} *Bellavoine.*)

SCÈNE VI.

VIRGINIE, AUGUSTE, DOUDOUX *caché.*

AUGUSTE. Monsieur votre père paraît si occupé de cette lettre du comte, que je n'ai pas eu le tems de lui parler de ce qui m'intéresse... me permettrez-vous, mademoiselle, de m'adresser à vous...

VIRGINIE. Bien volontiers, monsieur....

AUGUSTE. Il s'agit, mademoiselle, d'une personne qui m'est bien chère, que j'aimais avant mon départ pour l'Italie et qui, de son côté, m'avait juré de ne jamais m'oublier...

VIRGINIE, *tristement.* Ah! vous voulez parler d'Adrienne...

AUGUSTE. Précisément... d'Adrienne... votre amie d'enfance... qui, je crois, habite avec vous.

VIRGINIE. Oui... autrefois...

AUGUSTE, *vivement.* Ne serait-elle plus ici?...

VIRGINIE. Elle nous a quittés brusquement... j'ignore pour quel motif, et sans me dire adieu.... à moi.... sa sœur.... sa meilleure amie... et depuis elle ne m'a pas seulement donné de ses nouvelles...

AUGUSTE. Il se pourrait!.... mais, du moins, vous savez où elle est?...

VIRGINIE. Non, monsieur, et mon père m'a dit qu'il l'ignorait aussi.

AUGUSTE, *à part.* Il y a là-dessous quelque chose d'extraordinaire!...

DOUDOUX, *entr'ouvrant la porte.* Je crois que c'est le moment de sortir! (*Apercevant Virginie.*) Mademoiselle... mademoiselle..

VIRGINIE, *bas.* Eh bien! qu'est-ce que c'est? voulez-vous bien rentrer...

DOUDOUX, *de même.* Il faut rentrer, très-bien.

(*Il referme la porte.*)

SCÈNE VII.

LES MÊMES, VAUXDORÉ.

VAUXDORÉ, *de la coulisse.* Mademoiselle Virginie!.. mademoiselle Virginie!..

VIRGINIE, *à part.* Oh!... que c'est désagréable... voilà qu'on vient nous déranger!...

VAUXDORÉ, *entre en criant.* Mademoiselle!... je viens vous dire... Eh! mais, je ne me trompe pas, c'est M. Montreville... quelle rencontre!...

(*Il lui donne la main.*)

AUGUSTE. Bonjour, monsieur Vauxdoré...

VIRGINIE, *à Vauxdoré.* Vous connaissez monsieur?

VAUXDORÉ. Est-ce que je ne connais pas tout le monde, moi... ce cher Montreville, l'élève le plus distingué de mon cousin de l'Institut, chez lequel je l'ai connu à Paris... j'ai posé dans un de ses tableaux pour les oreilles, car tous les peintres prétendent que j'ai des oreilles magnifiques. Mais votre tante vous demande pour vous occuper avec elle des apprêts du dîner... De grâce! ne la faites pas attendre; un dîner est une chose qui mérite des égards...

VIRGINIE, *à part.* Elle m'ennuie terriblement ma tante. (*Haut.*) Il suffit, j'y vais.

(A Auguste.)

Air : *Valse de Robin.*

Excusez-moi, je vous en prie,
Rester me ferait grand plaisir;
Mais pour vous tenir compagnie,
Je vais tâcher de revenir.

VAUXDORÉ, *à part.*

Il me semble que la petite
A perdu sa timidité.

DOUDOUX, *entr'ouvrant la porte.*

Est-ce le moment?...

VIRGINIE.

Rentrez vite.

DOUDOUX.

C'est donc à perpétuité!

ENSEMBLE.

VAUXDORÉ, *à Auguste.*

Excusez-la, je vous en prie,
Rester lui ferait grand plaisir;
Mais, pour vous tenir compagnie,
On tâchera de revenir.

VIRGINIE.

Excusez-moi, etc.

(*Elle fait un salut gracieux et sort.*)

SCENE VIII.

VAUXDORÉ, AUGUSTE, DOUDOUX
caché.

VAUXDORÉ, *qui regarde sortir Virginie.* Hein!... espiègle!.... comment la trouvez-vous la fille de mon ami Troupeau?...

AUGUSTE. Charmante... mais, mon cher Vauxdoré, vous me paraissez bien au fait de ce qui se passe dans cette maison, et vous pouvez sans doute me donner certains renseignemens...

VAUXDORÉ. Des renseignemens!... tant que vous voudrez... sur la fortune de Troupeau?... sur celle de la tante?... sur les goûts de la fille?... voulez-vous savoir ce que l'on fait chaque jour?..... à quelle heure on se couche, à quelle heure on se lève?... parlez... parlez...

AUGUSTE. Merci.... mais tout cela m'est fort indifférent... j'espère seulement que vous pourrez me donner des nouvelles d'une personne que je croyais trouver ici... d'une jeune fille que j'adorais... que j'adore toujours.. en un mot, d'Adrienne..

VAUXDORÉ. Adrienne?... bah... vraiment... cette petite que madame Troupeau avait prise chez elle à la mort de son oncle.. Comment, mon cher Montreville, vous l'aimiez...

AUGUSTE. Oui, car je n'avais trouvé en elle ni fausseté ni coquetterie!..... Adrienne, j'en suis certain, n'a jamais pensé qu'à moi... et c'est pour l'épouser que j'ai hâté mon retour en France...

VAUXDORÉ. Pour l'épouser!... et c'est pour ça que vous arrivez d'Italie... mon pauvre ami!...

AUGUSTE. Que voulez-vous dire... monsieur... expliquez-vous.

VAUXDORÉ. Ah! c'est que..... c'est fort délicat... et je ne sais pas si je dois...

AUGUSTE. Ah! parlez..... parlez..... je vous en conjure... qu'y a-t-il?

VAUXDORÉ. Il y a, mon cher.... qu'Adrienne que vous avez crue vertueuse ne vaut pas mieux que les autres... ce n'est pas par méchanceté que je dis cela...

AUGUSTE. Monsieur Vauxdoré, finissons, je vous prie... et songez qu'ici..... je ne vous demande pas de propos...

VAUXDORÉ. Ce sont des faits... mon ami... ce sont des faits; c'est de l'histoire même... et puisque vous me forcez à tout vous dire, apprenez qu'en votre absence, mademoiselle Adrienne écoutait avec beaucoup trop de complaisance les galanteries de tous les jeunes gens de Belleville..... Enfin, dans une seule soirée... ici... dans cette maison... on l'a surprise dans deux tête-à-tête... deux en un jour, c'était fort, aussi, ça a fait une esclandre!... d'abord, elle avait donné rendez-vous à un jeune homme... nommé Doudoux...

DOUDOUX, *sortant la tête.* On m'a nommé!... Je crois que c'est le moment.....

AUGUSTE. Ah! ce serait indigne!... (*Auguste très-agité prend une chaise qu'il frappe fortement contre terre, et sur laquelle il s'assied. Doudoux effrayé rentre.*) Continuez... continuez.

VAUXDORÉ. Il n'y avait pas cinq minutes qu'on les avait vus ensemble, quand on la surprend de nouveau avec monsieur Godibert, jeune lancier, qui a fait plus de caravanes ici...

AUGUSTE, *très-ému.* Monsieur, il faudra prouver tout ce que vous avancez là...

VAUXDORÉ. Rien ne sera plus facile, mon cher, car ce que je vous dis, tout Belleville le sait et vous le répétera... Dieu merci, je ne passe pas pour mauvaise langue et je serais incapable de parler légèrement de la réputation d'une femme.

AIR : *Le Luth galant.*

C'est délicat...... oh! je le sais fort bien,
Trop parler nuit, ce proverbe est le mien;
Aussi les cancaniers sont des gens que j'abhorre.
Vive un homme discret! celui-là je l'honore;
Moi, mon cher, je me tais sur tout ce que j'ignore;
(*A part.*)
Mais je n'ignore rien. (*bis.*)

Il faut bien se rendre à l'évidence et cette aventure a fait tant de bruit..... c'est pour cela que Troupeau a renvoyé la jeune personne de chez lui... sans vouloir, par décence, en expliquer les motifs à sa fille... on a fait croire à Virginie que son amie était partie volontairement...

AUGUSTE. Il serait vrai!.... Adrienne!...

VAUXDORÉ. Allons... mon ami..... du courage...de la philosophie...Elle vous a... eh! mon Dieu! cela arrive à tout le monde.. pour n'être pas trompé... il faudrait n'aimer aucune femme..... ce n'est pas par méchanceté que je dis cela...

AUGUSTE. Et vous n'avez pas su où elle s'était retirée?...

VAUXDORÉ. Non, oh! elle a mis de la fierté dans sa fuite; Troupeau a entendu dire, je crois, qu'elle était entrée chez une lingère, une fleuriste, je ne sais pas au juste. Mais surtout du silence sur ce que je vous ai dit... pas un mot à mademoiselle Virginie Troupeau..... car on lui a caché les petites fredaines de son amie...

AUGUSTE. Soyez tranquille, monsieur...

VAUXDORÉ. Je vous laisse... je vais m'assurer si, tout en répondant au comte, on pense à nous faire dîner. (*A part.*) Ce pauvre garçon... qui revenait pour l'épouser..... Je raconterai cela ce soir au café. (*Haut.*) Allons, mon cher ami, de la résignation... que voulez-vous?...

AIR : *Vive les grisettes.*

La règle est commune,
Il faut
Payer son impôt;
C'est une infortune,
Chacun son écot.
Et ce qui complique
La vexation,
C'est la règle unique
Sans exception.

Reprise.

La règle est commune, etc.

(*Il sort.*)

SCENE IX.

AUGUSTE, DOUDOUX, *caché.*

AUGUSTE. Ainsi, je vois s'évanouir toutes mes espérances... il me faut renoncer à l'avenir que je m'étais formé; moi, si pressé de quitter l'Italie... de revenir en France... Adrienne!... tu m'as trompé aussi!

AIR *du Matelot.*

Quoique éloigné, je te voyais sans cesse,
Ton souvenir me suivait en tous lieux;
Je te rêvais me prouvant ta tendresse,
Me répétant le plus doux des aveux.
Je te voyais versant encor des larmes
Lorsque je fus obligé de partir.
L'illusion du moins avait des charmes;
Devais-tu donc me laisser revenir?

Mais est-elle réellement coupable... n'a-t-elle pas été calomniée!...

DOUDOUX, *il sort la tête* Je crois que c'est le moment de sortir... je m'embête horriblement dans ce cabinet...

AUGUSTE. Oh!... alors... malheur à ceux qui auraient inventé de pareils mensonges... ils paieraient cher leur insolence!... (*Il frappe du pied avec colère. Doudoux rentre précipitamment.*) Mais tout Belleville, a-t-il dit, m'affirmera cette aventure.

(*Il s'assied tristement.*)

SCENE X.

AUGUSTE, *assis*, VIRGINIE.

VIRGINIE, *à part.* Il est là!... comme il est abattu.

AUGUSTE, *sans voir Virginie.* Combien je regrette à présent... de ne pouvoir partir sur-le-champ de cette maison.

VIRGINIE, *s'avançant vivement* Comment, monsieur... vous voulez déjà nous quitter?

AUGUSTE, *se levant.* Vous étiez là?... Ah! pardonnez-moi, mademoiselle... je ne vous avais pas aperçue.

VIRGINIE. Je le crois... vous étiez si pensif!...

AUGUSTE. En effet... quelquefois nos souvenirs nous reportent tellement au passé... que le présent disparaît pour nous...

VIRGINIE. Et ces souvenirs... étaient bien agréables, sans doute?...

AUGUSTE. Les plus tristes sont ceux qui reviennent le plus souvent à notre pensée... Mais pardon, je vous entretiens de mes chagrins; et à votre âge... entourée de parens qui vous chérissent, on ne doit pas comprendre ce langage.

VIRGINIE. Oh! vous croyez cela, monsieur, parce que je suis une petite fille qui n'a jamais quitté ses parens, vous pensez que je ne dois rien comprendre..... rien sentir... que je ne suis bonne qu'à causer toilette, chiffons.

AUGUSTE. Oh! mademoiselle, je ne dis pas...

VIRGINIE. Mais, monsieur, apprenez que les jeunes filles ont aussi leurs chagrins, leurs soucis .. par exemple on pense à quelque chose..... car enfin il n'est pas défendu à une demoiselle bien élevée de penser à quelque chose, et ordinairement ce quelque chose qui occupe une jeune fille, c'est un mari..... ça ne manque jamais!..... on rêve donc au mari que l'on aura... on s'en fait un à sa fantaisie.... c'est assez naturel... Eh bien! monsieur, quand on s'est créé un joli petit mari blond.... croyez-vous que ce soit agréable d'être obligée d'en épouser un brun..... on le désirait grand, on vous l'offre petit, on lui rêvait des yeux bleus, il en a de noirs?... Et ainsi de suite, il faut épouser quelqu'un qui ne nous plaît pas du tout, tandis qu'on avait trouvé.. rencontré celui qui nous plaisait..... J'espère, monsieur, que ce sont là de véritables chagrins, et vous voyez qu'une petite fille peut en

L'Agnès de Belleville.

éprouver tout aussi bien qu'un jeune homme!...

AUGUSTE. Serait-ce là votre position, mademoiselle?...

VIRGINIE. Mais... à peu près : on veut me marier au comte de Senneville... que je n'aime pas et qui croira me faire beaucoup d'honneur en me donnant son nom.. Qu'est-ce que ça me fait à moi d'être comtesse!.... je ne suis pas aristocrate.... j'ai donc mille raisons pour être chagrine!... tandis que vous, au contraire, vous allez épouser celle qui vous aime... et que vous aimez...

AUGUSTE, *tristement*. Hier.... ce matin encore... je le croyais...

VIRGINIE, *à part avec joie*. Que dit-il?...

AUGUSTE. Mais ce soir...

VIRGINIE, *timidement*. Expliquez-vous, Adrienne...

AUGUSTE. Elle ne sera jamais ma femme!...

VIRGINIE, *à part*. Jamais!..... est-ce qu'Adrienne ne lui aurait pas donné de ses nouvelles.. ce serait bien mal.. (*Haut.*) Comment, monsieur, vous ne voulez plus épouser Adrienne! et quel motif?

AUGUSTE. Oh! j'en ai mille... d'abord je ne l'aime plus... je la déteste... je ne dois plus la voir.

VIRGINIE, *à part*. Oh! ces hommes! fiez-vous donc à leurs sermens...

AUGUSTE, *à part*. Allons!... il faut imiter la perfide.. il faut savoir changer aussi. (*Haut.*) D'ailleurs, mademoiselle, auprès de vous, je sens qu'il est difficile de se souvenir d'une autre.

VIRGINIE, *à part*. Qu'entends-je!

AUGUSTE. Ce mariage dont vous me parliez tout à l'heure est-il bien irrévocablement arrêté?..

VIRGINIE. Mes parens le désirent...

AUGUSTE. Et vous?..

VIRGINIE. Moi... hier encore j'aurais pu consentir, mais aujourd'hui, pour que ce mariage s'accomplisse, il manque une chose à laquelle mon père n'a pas pensé.

SCÈNE XI.

VIRGINIE, AUGUSTE, TROUPEAU, DOUDOUX *caché*, *puis* VAUXDORÉ *et peu après* MADEMOISELLE BELLAVOINE.

TROUPEAU, *entrant vivement*. Ah!..... monsieur Montreville..... mon cher monsieur.... désolé de vous avoir fait attendre si long-tems..... ma lettre est terminée, toute en anglaise; mais, ma tante, mademoiselle Bellavoine a voulu répondre deux mots de sa main propre à une phrase aimable qui la concerne...

AUGUSTE. Le tems ne m'a pas paru long, monsieur... car mademoiselle votre fille a bien voulu me tenir compagnie...

VIRGINIE, *à part*. Et on se flatte de ne l'avoir pas ennuyé.

TROUPEAU, *bas à Auguste*. N'est-ce pas qu'elle est pétrie d'esprit?.. Et puis si vous saviez comme elle est timide.. obéissante : c'est un soldat prussien pour l'obéissance.

VAUXDORÉ, *entrant*. Le potage est servi.. aux croûtons..... et nous pouvons nous mettre à table...

TROUPEAU. Tout de suite... Vauxdoré.. tout de suite... ma tante n'est pas encore prête...

VAUXDORÉ, *à part*. Ils n'en finissent jamais dans cette maison.. je vais dévorer..

MADEMOISELLE BELLAVOINE, *entrant. Elle tient une lettre à la main*. Voici, mon neveu, il n'y a plus que le cachet à mettre à cette lettre, et monsieur Montreville voudra bien la déposer en mains sûres.

AUGUSTE. Soyez sans crainte, mademoiselle...

TROUPEAU. C'est que cette lettre équivaut à un contrat en formes... nous nous sommes expliqués franchement avec M. le comte..... nous nous sommes déboutonnés... tout-à-fait... « Monsieur le comte, » lui ai-je écrit, ma fille vous va, cela nous » flatte, nous vous la conservons avec re- » connaissance. Notre enfant partage notre » manière de voir, et elle accepte avec » enthousiasme votre noble main. »

VIRGINIE. Comment, mon père, vous avez écrit cela?...

TROUPEAU. Oui, ma Virginette... tu es ravie... enchantée... n'est-ce pas...

MADEMOISELLE BELLAVOINE. Ma nièce, cette union est convenable sous tous les rapports et vous devez en être honorée...

VIRGINIE. Il me semble qu'on aurait bien dû d'abord me demander mon avis.

MADEMOISELLE BELLAVOINE. Votre avis!... en voici bien d'une autre... et depuis quand, s'il vous plaît, a-t-on cru devoir vous consulter?

VIRGINIE. Ah!... c'est juste... on ne m'a pas encore consultée..... mais, ma chère tante, comme il s'agit ici de ma personne, je veux qu'on me consulte.

TROUPEAU, *à sa tante*. Je veux!... elle a dit je veux... elle a un accès de fièvre!

MADEMOISELLE BELLAVOINE. Que signifie ce ton? est-ce ma petite nièce qui me parle ainsi?

VAUXDORÉ, *à part*. Allons..... une dispute... tout sera froid!...

TROUPEAU. Ma fille... sais-tu bien que si le comte apprenait... s'il venait à savoir... oh Dieu! il ne voudrait peut-être plus de toi...

VIRGINIE. Eh bien!...... c'est ce que je demande... Tenez, mon cher papa, il est tems que je m'explique franchement. (*Ici Doudoux entr'ouvre la porte.*) Je n'aime pas votre comte de Senneville, je n'en veux pas pour mari...

DOUDOUX, *qui a entr'ouvert la porte*. Qu'ai-je entendu!... et c'est pour moi!... ô ivresse!

VIRGINIE, *très-vite*. Je vous aime beaucoup certainement, mais je veux me marier à ma fantaisie!..... parce qu'un mari c'est moi que cela regarde... et pour commencer, cette lettre n'arrivera pas à son adresse, parce que vous m'y faites dire des choses que je ne pense pas et que je ne penserai jamais... ainsi... (*Elle déchire la lettre.*) Tenez... tenez.... tenez.... tenez.... tenez!...

MADEMOISELLE BELLAVOINE. C'est une révolution!...

TROUPEAU, *se laissant aller sur une chaise*. Je tombe en ruines!...

VAUXDORÉ, *à part*. On ne dînera pas!..

MADEMOISELLE BELLAVOINE. C'est scandaleux!... intolérable!.... devant moi!.... Eh bien! je quitte cette maison pour n'y plus rentrer!...

TROUPEAU. Ma bonne tante...

MADEMOISELLE BELLAVOINE. Ah!... mademoiselle, c'est ainsi que vous vous conduisez..... n'espérez plus rien de ma fortune.. je vous déshérite.. entendez-vous.. je vous déshérite...

VIRGINIE. Comme vous voudrez, ma tante...

DOUDOUX, *à part*. Je suis accablé de ravissement!...

VAUXDORÉ, *qui a aperçu Doudoux*. Hein!.. oh!... qu'est-ce que je vois!..... M. Doudoux ici!... c'était donc pour elle!...

Chœur de *Fra Diavolo*.

VAUXDORÉ, TROUPEAU, LA TANTE.

Grand Dieu! (*bis.*) de ma surprise,
Je ne puis encor revenir!
Cet enfant jadis si soumise
Ose ainsi { me / leur } désobéir.
D'honneur! je n'en puis revenir.

VIRGINIE, *à part*.

Ah! je vois fort bien sa surprise;
Mais mon refus lui fait plaisir.
Oui, je fus très-long-tems soumise;
Mais je veux cesser d'obéir.
Il me regarde, ah! quel plaisir.

DOUDOUX, *à part*.

Ô bonheur! ô douce surprise!
Elle m'adore, quel plaisir!
Oui, c'est pour moi qu'elle méprise
Ce rang qu'on lui venait d'offrir.
Elle m'adore, quel plaisir!

AUGUSTE, *à part*.

D'honneur! (*bis*) de ma surprise,
Je ne puis encor revenir.
Elle si timide et soumise!
Qui peut ainsi la faire agir?
Vraiment, je n'en puis revenir.

FIN DU DEUXIÈME ACTE.

ACTE III.

(On est à Paris. Le théâtre représente un joli salon, ouvert sur un jardin; portes latérales; une psyché à gauche; une table ronde couverte d'un tapis à droite.)

SCENE PREMIÈRE.

TROUPEAU, *puis* VAUXDORÉ.

(Troupeau est assis dans un fauteuil auprès de la toilette et paraît pensif.)

TROUPEAU. Dire qu'elle eût été comtesse, et moi beau-père d'un homme triplement décoré... et qu'il a fallu renoncer à tant d'honneur!... Ah! quand je pense à cela... je ressens d'énormes crampes d'estomac....

VAUXDORÉ, *arrivant par le fond*. Me voilà... me voilà! Ouf... je n'en puis plus... depuis ce matin je cours pour toi, je suis éreinté...

TROUPEAU. Enfonce-toi dans ce fauteuil.

VAUXDORÉ, *s'asseyant de l'autre côté que Troupeau*. Ça n'est pas de refus... là... oh! oh!... le bon fauteuil... c'est élastique... J'espère, mon ami Troupeau, que tu dois être content de cet appartement que j'ai trouvé dans un des plus beaux quartiers de Paris. C'est très-richement meublé et pas trop cher de loyer... tu es ici parfaitement. La maison est immense, mais tu as un corps-de-logis à part, tu n'es point mêlé aux autres locataires, et tu as un jardin, ce qui est très-rare à Paris... enfin c'est ici que se fera la noce de ta fille avec M. Auguste Montreville...

TROUPEAU, *soupirant*. Hélas! oui, c'est ici!...

VAUXDORÉ. Troupeau... tu n'as pas l'air satisfait... tu as même l'air... vexé...

TROUPEAU. T'imagines-tu, Vauxdoré, qu'on puisse voir des titres, des honneurs vous passer sous le nez sans que cela vous arrache un soupir?... Quoique ma fille eût déchiré ma première réponse, tu sais que je m'étais empressé d'écrire une autre lettre au comte, dans laquelle je lui donnais ma parole que mon enfant ne serait qu'à lui... et malgré cette promesse solennelle, j'ai dû consentir au mariage de ma fille avec M. Auguste... il le fallait bien... Virginie se périssait d'amour, et elle avait déjà deux fois allumé du charbon sans ouvrir les fenêtres... Vauxdoré, je ne suis pas un père féroce... il a bien fallu donner mon assentiment à cet hyménée.

VAUXDORÉ. Alors, il faut prendre son parti... dans six jours, M. le maire du quatrième marie ta fille, c'est convenu... je suis très-bien avec le maire du quatrième, et je viens de le prévenir.. tu as préféré que le mariage fût célébré à Paris, parce qu'à Belleville les mauvaises langues se permettaient quelques plaisanteries sur ta fille que tu avais annoncée partout comme une comtesse... (*A part.*) Et puis sur ce petit Doudoux qu'on voyait rôder autour de la petite... Heim! ce n'est pas clair...

TROUPEAU. Enfin, si elle est heureuse, je me consolerai peut-être... mais elle n'en perd pas moins l'héritage de sa tante qui nous tient rancune...

VAUXDORÉ. Ces vieilles filles sont entêtées comme des mules!

TROUPEAU. Dédaigner vingt-cinq mille livres de rente!.... Vauxdoré, l'amour est une grosse bêtise... Mais, qui vient ici?...

VAUXDORÉ. C'est ton portier, M. Tondu... un homme fort complaisant, qui passe son tems à faire les commissions des locataires; aussi n'est-il jamais dans sa loge.

TROUPEAU. C'est commode pour le facteur.

SCENE II.

LES MÊMES, TONDU.

TONDU. Messieurs... salut bien; c'est moi, Tondu, le concierge, faites excuse... c'est une lettre qui est, je crois, pour monsieur... c'est ma petite nièce, que je mets t'en vedette à ma loge, qui m'a crié : « Mon oncle! il y a une lettre pour le nouveau locataire, M. Mouton. »

TROUPEAU. Comment, M. Mouton!... j'ai été dans la laine, c'est vrai, mais je ne me suis jamais appelé mouton...

VAUXDORÉ. C'est Troupeau, que vous voulez dire?

TONDU. Ah! fait's excuse... c'est que voyez-vous, dans mon idée, mouton ou troupeau ça va toujours chez le boucher.

TROUPEAU, *à part.* Il me fait l'effet d'être horriblement stupide, ce portier... (*Haut.*) Voyons cette lettre.

TONDU. Voilà, monsieur, le port n'est franc... (*A part.*) Je ne sais pas si je dois lui parler de ce gros petit monsieur qui veut le voir en particulier... non... au fait, ça me fera une occasion pour revenir...

TROUPEAU, *lui faisant signe de sortir.* Portier... est-ce que...

TONDU. Fait's excuse...

(Il sort.)

TROUPEAU. Voyons cette missive... Ah Dieu!... je reconnais l'odeur embaumée... c'est du comte de Senneville.

VAUXDORÉ. Diable!... il serait de retour...

TROUPEAU. Vauxdoré.... Vauxdoré.... un fauteuil... mes genoux se dérobent sous mes pieds...

VAUXDORÉ. De la fermeté...

TROUPEAU. La voici décachetée... (*Lisant.*) « Mon cher beau-père... » Il me nomme son cher beau-père... (*Essuyant une larme.*) Encore une crampe...

VAUXDORÉ. Achève donc...

TROUPEAU, *lisant.* « Je suis arrivé hier » de London, je me suis rendu sur-le-champ » à Belleville où l'on m'a donné votre » adresse à Paris; je ne veux prendre que » le tems de me reposer de mes fatigues, » et ce soir je me rends chez vous pour » me jeter aux pieds de votre fille que je » brûle de conduire à l'autel... » Il arrive ce soir!... ici!... pour conduire à l'autel ma fille!... Dieu! quel coup de foudre!.. (*Se laissant tomber dans un fauteuil.*) Vauxdoré, voilà qui me démonte tout-à-fait...

VAUXDORÉ. En effet... ceci devient compliqué.

SCÈNE III.

Les Mêmes, VIRGINIE.

VIRGINIE, *arrivant par la gauche.* Il n'est pas encore arrivé?... papa... Est-ce que vous n'avez pas vu Auguste?... Hier, il m'avait promis d'être ici de bonne heure... Eh bien! vous ne me répondez pas?... vous avez l'air tout bouleversé...

TROUPEAU. Ma fille, je ne suis pas, en effet, dans mon assiette... Tiens, vois-tu cette lettre?...

VIRGINIE. Auguste aurait-il écrit?...

TROUPEAU. Non, c'est le comte de Senneville.

VIRGINIE. Ah! ce n'est que cela!...

TROUPEAU. Que cela!... imagine-toi que le comte, qui est revenu de London, m'écrit qu'il arrive ce soir ici pour réclamer ma promesse.

VIRGINIE. Le comte arrive d'Angleterre?...

VAUXDORÉ. Il paraît même qu'il est venu ventre à terre, et plus amoureux que jamais.

TROUPEAU. S'il t'avait trouvée mariée, je lui aurais dit: Monsieur le comte, nous vous avions cru sauté avec le paquebot... C'était une réponse assez ingénieuse...

VAUXDORÉ. Et même très-spirituelle.

TROUPEAU. Et puis quand le notaire y a passé, il n'y a plus à revenir sur la consommation de la chose; mais il va te retrouver libre encore, il réclamera ma parole, il est capable de nous appeler tous en duel...

VIRGINIE. Eh bien! mon père, il y a un moyen très-simple de vous tranquilliser...

TROUPEAU. Un moyen?... vraiment, tu as un moyen?... Es-tu heureuse d'avoir des moyens...

VAUXDORÉ. Parlez, mademoiselle.

VIRGINIE. Ecoutez. Tout est prêt pour mon mariage avec Auguste... vous l'avez fixé à jeudi prochain... qui vous empêche de me marier aujourd'hui même?... Allons ce matin à la mairie... et quand le comte arrivera ce soir, il sera trop tard.

VAUXDORÉ. Parfait!... Oh! les femmes!... ce sont des puits de malice!...

TROUPEAU. C'est-à-dire que c'est une idée sublime!... une idée!... ah! oui, mais te marier aujourd'hui, est-ce possible?... M. le maire n'est pas prévenu... et les témoins...

VAUXDORÉ. Tout cela me regarde... les témoins, je m'en charge... le maire est de mes amis, je cours le prévenir et je vous réponds de tout.

VIRGINIE. Allez vite... pendant ce tems, mon père écrira à ses connaissances... il fera des invitations pour ce soir, et moi je m'occuperai de ma toilette.

TROUPEAU. Dieu! que de choses! que d'embarras!... Cours, Vauxdoré.

ENSEMBLE.

AIR : *Éternelle amitié.* (du Triolet.)

N'perdons pas un instant,
Car { il est / je suis } tout tremblant.
Quand le comte arriv'ra,
Tout sera fait déjà.

VIRGINIE.

Quel bonheur! j'ai l'espoir
D'être à lui dès ce soir.

VAUXDORÉ.

Il me faut bien courir.

TROUPEAU.

Ah! c'est pour en mourir.

(*Vauxdoré sort.*)

SCÈNE IV.

VIRGINIE, TROUPEAU, puis TONDU.

VIRGINIE. Mais Auguste n'arrive pas!... comme il va être surpris!..... ce soir je serai sa femme!... ce soir!... Dieu! va-t-il être content!...

TROUPEAU. S'il ne l'était pas, après tout ce que tu lui sacrifies, ce serait un être bien criminel.

VIRGINIE. Mais il faut songer à ma toilette... un jour de noces il faut être jolie.. Voyons, que me manque-t-il pour la cérémonie?...

TROUPEAU. Ah! mon Dieu! et mes invitations... nous n'aurons ce soir que quelques amis; mais pour le grand bal, je veux que ce soit étourdissant de luxe, de bougies et de comestibles..... je ferai faire des circulaires.

VIRGINIE. Et le plus important auquel je ne songeais pas!... le bouquet de fleurs d'orange... je ne puis pas me marier sans cela.

TROUPEAU. Je crois bien.. te marier sans fleurs d'orange! le symbole de l'innocence!... tu en auras plutôt deux qu'un.... attends un peu, ma fille.. holà!.. Portier!.. monsieur Tondu! monsieur Tondu!...

TONDU, *accourant.* Voilà, fait's excuse.. que désirez-vous, monsieur Berger... non, non... Troupeau, Troupeau?...

TROUPEAU. Monsieur Tondu, ma fille se marie aujourd'hui même..... mais il nous manque quelque chose de très-nécessaire pour une telle cérémonie...

TONDU. Je vois ce que c'est... vous voulez que j'aille chercher le mari?

TROUPEAU. Vous êtes borné, portier.... il n'est pas question de courir après un mari... Dieu merci, ce n'est pas cela qui nous manque... il nous faut un beau bouquet de fleurs d'orange... vous savez... ça se place sur la tête..... ce qui annonce que la mariée... enfin quelque chose d'artificiel...

TONDU. Je comprends; mais par malheur il n'y a pas de fleuriste dans le quartier.

TROUPEAU. Comment?

TONDU. Ah!... une idée!... Pardi, ça ferait joliment votre affaire...

VIRGINIE. Qu'est-ce donc?

TONDU. Voilà... notre maison est très-conséquente, et nous avons dans l'autre corps-de-logis des petites mansardes que nous ne louons qu'à des personnes tranquilles et décentes...

TROUPEAU. Portier... je ne vois rien là dedans qui sente la fleur d'orange.

TONDU. Fait excuse.... dans une de ces petites chambres, la moins cher, nous avons une jeune femme, c'est-à-dire une jeune fille, oh! qui est bien sage, bien honnête! ne recevant personne, et ne sortant que pour aller porter son ouvrage.... c'est justement des fleurs artificielles qu'elle confectionne.. Pauvre jeune fille! elle n'est pas heureuse..... je dirai même qu'elle manque à peu près de tout.

VIRGINIE. Et elle travaille bien?...

TONDU. Comme une fée!... elle fait des fleurs que ça se renifle par mégarde; mais pour comble de malheur, elle vient de faire une maladie, de telle sorte qu'ayant été long-tems sans pouvoir travailler, elle a perdu toutes ses pratiques des magasins... aussi ça mange du pain et pas grand'chose avec, et malgré ça, ça ne se plaint pas.

VIRGINIE. Pauvre fille!

TROUPEAU. Portier, une fleuriste qui mange son pain sec ne peut rien avoir d'assez beau pour nous..., il faut aller dans un des magasins les plus huppés de Paris...

VIRGINIE. Pourquoi donc ça, mon papa?

AIR : *Abonné de l'Opéra-Comique.*

Si, grâce à vous, jamais de l'indigence
Le tableau n'affligea mes yeux,
En ce moment, je souffre quand je pense,
Que près d'ici quelqu'un est malheureux.
Permettez-moi, je vous en prie,
En l'employant d'adoucir sa douleur;
Faire du bien le jour qu'on se marie,

Pour l'avenir ça doit porter bonheur,
Ah! je le sens, ça doit porter bonheur.

Monsieur Tondu, allez trouver cette pauvre fille, demandez-lui si elle a ce qu'il me faut, et qu'elle me l'apporte avant une heure.

TONDU. Ça suffit, mam'zelle... j'y cours inopinément... (*A part.*) C'te pauv'demoiselle, ça va-t-il lui faire plaisir !...

(Il sort en courant.)

TROUPEAU, *écrivant des lettres.* Décidément, ma fille a toutes les vertus priées !

VIRGINIE, *qui a été regarder au fond.* Ah! le voilà !... c'est lui, enfin !...

SCENE V.

VIRGINIE, AUGUSTE, TROUPEAU.

VIRGINIE, *d'un ton aimable.* Arrivez donc, monsieur, vous vous faites bien attendre !...

(Auguste baise la main de Virginie.)

TROUPEAU, *gravement.* Bonjour, mon gendre.

AUGUSTE. Pardon, ma chère Virginie, mais des démarches indispensables pour quelques papiers qui me manquaient encore.....

VIRGINIE, *souriant.* Pour notre mariage ?
AUGUSTE. Sans doute.
TROUPEAU. Et vous avez maintenant tout ce qu'il vous faut ?...
AUGUSTE. Oui, mon cher beau-père.
TROUPEAU, *à part.* Il m'appelle aussi son beau-père, mais quelle différence !
VIRGINIE. Eh bien! mon ami, que diriez-vous si notre bonheur se trouvait avancé?... si notre mariage, au lieu de se conclure dans six jours, se faisait aujourd'hui même ?...
AUGUSTE, *surpris.* Aujourd'hui !
TROUPEAU, *se levant.* Oui, mon gendre; une lettre du comte m'apprend qu'il viendra ce soir réclamer la main de ma fille que je lui avais promise... (*Il pousse un soupir.*) Il faut donc que ce soir tout se trouve terminé..... la retrouvant votre femme, il ne lui viendra plus à l'idée d'en faire son épouse... c'est ma manière de voir.

(Il se remet à écrire.)

AUGUSTE. En effet, vous avez raison.
VIRGINIE, *tirant un peu Auguste à l'écart.* Auguste, je vous trouve bien sérieux...
AUGUSTE. Moi?
VIRGINIE. Est-ce que vous seriez fâché d'être aujoud'hui mon époux ?

AUGUSTE. Virginie, vous ne pouvez pas le penser... c'est la surprise, la joie...
VIRGINIE. Ah! c'est la joie qui vous donne l'air triste ?...
TROUPEAU, *se levant.* J'ai terminé le modèle de mes lettres de faire-part... il faut aller au passage du Caire, et le dîner qu'il faut commander... Vauxdoré qui ne revient pas... si j'avais tous les jours une fille à marier, je suis persuadé que je deviendrais Crétin...

SCENE VI.

LES MÊMES, VAUDORÉ.

VAUXDORÉ. Me voici...j'ai vu le maire... c'est arrangé, c'est convenu... dans une heure soyez prêts... maintenant il s'agit d'avoir des voitures, des remises...
TROUPEAU. Ah! mon Dieu! c'est juste... les voitures m'étaient sorties de la tête... Je vais aller avec toi, Vauxdoré... Ma fille, songe à ta toilette.
VIRGINIE, *examinant toujours Auguste.* Oui, mon père.
TROUPEAU. Vous, mon gendre, je pense que vous épouserez ma fille en noir...
AUGUSTE. Dans dix minutes je serai prêt.
VAUXDORÉ, *entraînant Troupeau.* Tu causeras demain.

AIR: *Allons, vite à l'ouvrage* (For-l'Évêque).

Allons, je t'en supplie,
Dépêchons..... c'est urgent,
Pour la cérémonie,
Mon cher, on nous attend.

ENSEMBLE.

AUGUSTE ET VIRGINIE.

Allons, je vous en prie,
Dépêchez, c'est urgent,
Pour la cérémonie,
Déjà l'on nous attend.

TROUPEAU.

Allons, je t'en supplie,
Dépêchons, c'est urgent,
Pour la cérémonie,
Mon cher, on nous attend.

(*Vauxdoré et Troupeau sortent.*)

SCENE VII.

AUGUSTE, VIRGINIE, puis TONDU.

VIRGINIE *à part, le regardant toujours.* Et c'est le bonheur qui lui produirait cet effet-là ?...
AUGUSTE, *à part.* C'est aujourd'hui !...

et cela sans l'avoir revue !..... sans savoir ce qu'elle est devenue !... quoique bien coupable envers moi, son souvenir est là... qui revient toujours s'offrir à ma pensée.

VIRGINIE. Auguste... (*Auguste se retournant vivement.*) Je suis là, mais... si je vous dérange, je vais vous laisser seul...

AUGUSTE. Ah! pardon!...je réfléchissais... je pensais à ce qu'il me reste à faire...Virginie...désormais vous êtes la seule femme que j'aimerai, car vous ressentez pour moi un véritable attachement...vous m'en avez donné des preuves... oh! oui, je serai heureux avec vous, et ce soir...

VIRGINIE. Vous me dites ça drôlement, mon ami!..., tenez, vous avez quelque chose qui vous occupe...

AUGUSTE, *surmontant sa tristesse.* Ce qui m'occupe, Virginie, c'est vous, c'est vous seule... vous qui méritez si bien ma tendresse... ce qui m'occupe, c'est l'approche du moment qui doit assurer notre sort.

Air *des Danseurs à la classe.*

Si mon front est rêveur,
C'est l'espoir du bonheur
Qui toujours vient troubler l'ame.
Ah! bannis ta frayeur,
C'est douter de mon cœur ;
Maintenant n'es-tu donc pas ma femme?
Oui, ce mot doit calmer ma frayeur.
Près de toi, sans regrets,
Je vivrai désormais.
N'es-tu pas innocente et jolie?
Je veux suivre tes lois,

(*Tristement.*)

Lorsque j'aime une fois,
Mon amour dure toute la vie.

Reprise ensemble.

AUGUSTE.

Si mon front, etc.

VIRGINIE.

Si son front est rêveur,
C'est l'espoir du bonheur,
Qui toujours vient troubler l'ame.
Bannissons ma frayeur,
C'est douter de son cœur ;
Maintenant ne suis-je pas sa femme?
Oui, ce mot doit calmer ma frayeur.

VIRGINIE. Oh! je veux vous croire, Auguste, je serais si malheureuse, si je n'avais pas tout votre amour ; je suis exigeante, moi ; et je n'entends pas qu'on ne m'aime qu'à demi... vous souriez, à la bonne heure, monsieur ; voilà la figure qui convient un jour de noces... regardez comme j'ai l'air content, moi.

AUGUSTE. Chère Virginie !

(*Il lui baise la main.*)

TONDU *accourant.* Mam'zelle... j'ai fait votre commission. Notre locataire avait justement ce qu'il vous fallait.. elle prépare tout cela et va vous l'apporter.

VIRGINIE. C'est bien.

AUGUSTE. Qu'est-ce donc?

VIRGINIE. Rien...des détails de parure... je vais à ma toilette... Vous, monsieur, j'espère que vous ne vous ferez pas attendre.

AUGUSTE. Oh! je vous le promets. Au revoir!

Reprise de la fin de l'air précédent.

Mon front n'est plus rêveur, etc.

VIRGINIE.

Son front n'est plus rêveur, etc.

(*Virginie sort par la gauche et Auguste par le fond.*)

SCENE VIII.

TONDU seul, puis **DOUDOUX**.

TONDU. Que c'est gentil deux amans qui font coïncider leur flamme!.. ça me ramemore le jour où j'épousa feu madame Tondu, nous nous embrassions toutes les cinq minutes.

DOUDOUX, *en grande tenue.* Monsieur Troupeau?...

TONDU. Pardine, monsieur, vous jouez de malheur....il est sorti.

DOUDOUX. Il y a trop long-tems que je guette le moment de le voir... je l'attendrai ici, concierge.

TONDU. Il ne tardera point... (*à part*) et moi qui l'avais oublié, ce petit monsieur! (*Haut.*) Fait excuse si je vous quitte, monsieur ; mais j'ai tant de commissions en train...

DOUDOUX. Allez, suisse, allez... vous me ferez même plaisir en ne restant pas.

TONDU, *à part.* Ce sera un des témoins qui a peur de manquer le festin. (*Il salue.*) Fait excuse...

DOUDOUX. C'est bon... il m'obsède avec ses excuses... Allez, suisse.

(*Tondu sort.*)

SCENE IX.

DOUDOUX, seul.

Enfin, me voilà sous son toit!... Virginie!... elle habite cette maison!... elle a marché là où je marche... elle s'est assise dans ce fauteuil!... (*il s'y assied*) et elle a humé l'air que je hume... (*Il aspire avec affectation.*) Virginie! Virginie!.. tu m'aimes donc! ah! oui, tu m'aimes, car c'est pour moi, Doudoux, moi, Doudoux! que tu as refusé le comte de Senneville. Sûr, comme je l'étais de ton amour, je n'ai voulu me présenter à monsieur Troupeau que muni de toutes les pièces nécessaires à un jeune homme qui a des vues honnêtes. Voici le consentement de mon père, que j'ai été chercher à Liége, ville superbe, renommée par ses bouchons ; puis mon acte de naissance que je me suis procuré à Melun, ma ville natale, la patrie des anguilles ; ensuite l'acte de décès de ma mère, mon exemption de la conscription et un billet de garde ; avec tout ça et un costume entièrement neuf, si l'on ne pouvait pas devenir père de famille, il faudrait être bien mal conformé.

AIR : *Avez-vous vu dans Barcelonne ?*

Oui, je plairai, oui, je dois faire
Le plus aimable des maris.
Maintien, grosseur, taille, manière,
Oui, j'ai bien tout pour satisfaire
Le tendre objet que je chéris.

Je n'crois pas avoir le teint blême,
J'ai de bons yeux, de bonnes dents,
Je mang' bien et je bois de même ;
Je veux, dans mon ardeur extrême,
Que mon épouse, tous les ans,
Me donne deux ou trois enfans.
Oui, je plairai, etc.

Je serai galant ; dans ma joie,
Je veux la couvrir de mes dons,
Je veux qu'elle ait des bas de soie.
Je prétends que sa tête ploie
Sous les plumes, sous les chiffons,
Les rubans, les fleurs, les pompons.
Oui, je plairai, etc.

Dieu ! j'entends monsieur Troupeau !... Allons, de l'aplomb, Doudoux, il s'agit de joncher de fleurs le chemin de ta vie.

SCENE X.
DOUDOUX, TROUPEAU.

TROUPEAU, *sans voir Doudoux*. Nous aurons des voitures et des cochers avec des bouquets... je voulais en faire mettre aussi aux chevaux, mais on m'a dit que ça pouvait leur porter à la tête.

DOUDOUX, *à part*. Produisons-nous. (*Haut*.) Hum !.... Monsieur Troupeau veut-il bien permettre ?...

TROUPEAU. Que vois-je !.... monsieur Doudoux... par quel hasard ?...

DOUDOUX. Ce n'est point du tout un hasard, c'est une affaire très-majeure..... qui m'amène chez vous... je viens pour...

TROUPEAU. Une affaire... ah ! mon cher, j'en ai aussi, moi, et par-dessus la tête... Allons, bon ! voilà que j'ai oublié mes lettres de faire-part... étourdi !... voilà le modèle... mon cher monsieur Doudoux, si vous pouviez être assez aimable pour me faire quelques courses, car je n'aurai jamais le tems d'en finir...

DOUDOUX, *à part*. Il faut me rendre agréable... (*Haut*.) Commandez, monsieur Troupeau... je vous suis dévoué jambes et bras... Mais pourrais-je savoir ?...

TROUPEAU. Mon cher Doudoux, vous avez sans doute appris à Belleville que ma fille devait être comtesse ?

DOUDOUX. Oui, mais elle a refusé...

TROUPEAU. Le comte de Senneville ! elle a eu cette barbarie !.... Que voulez-vous ? son cœur avait parlé, et il a bien fallu consentir à la marier à celui...

DOUDOUX, *transporté de joie*. Vous avez consenti !... il se peut !!... vous avez consenti !... O digne père !.... ô respectable père !... ô...

(*Il lui embrasse le pan de son habit*.)

TROUPEAU. Sans doute que j'ai consenti... puisque aujourd'hui même, ma fille épouse monsieur Auguste Montreville.

DOUDOUX, *saisi*. Qu'est-ce à dire ?...

TROUPEAU. Oui, monsieur Auguste Montreville, celui qu'elle préfère au comte de Senneville.

DOUDOUX, *à part, en enfonçant son chapeau sur ses yeux*. C'est ignoble ! c'est révoltant ! c'est de la dernière malhonnêteté ! quand je crois que c'est moi !... quand j'arrive... oh ! mais... je le répète, c'est ignoble, c'est révoltant, c'est de la dernière malhonnêteté !...

TROUPEAU. Ainsi, mon cher Doudoux, puisque vous m'avez promis de m'obliger... faites-moi l'amitié de courir au passage du Caire... vous me ferez tirer deux cents lettres de faire-part qui sont aussi des lettres d'invitation pour le grand bal que je veux donner... Quant à vous... j'espère que vous voudrez bien rester ce soir au souper que j'offre...

DOUDOUX, *revenant d'un air déterminé*. Vous offrez un souper ?... Allons, il faut agir en homme ; je serai ce soir du souper... j'y serai pour la narguer... j'y mangerai de manière à m'incommoder... je serai là... toujours devant elle, comme un remords en pantalon collant... je ne manquerai pas une contredanse... je me bourrerai de glaces et de biscuits... et tout cela sans la perdre de vue... afin qu'elle rencontre toujours mes yeux qui me sortiront continuellement de la tête... (*A Troupeau*.) Votre billet... (*Troupeau le lui donne, il le regarde*.) C'est cela... (*Il le froisse dans ses mains avec fureur.*) C'est bon... (*Il renfonce encore son chapeau.*) Je vais au passage du Caire !...

(*Il sort brusquement.*)

SCÈNE XI.
TROUPEAU, *puis* VIRGINIE.

TROUPEAU. Ce jeune homme a quelque chose de nerveux dans la physionomie..... Est-ce qu'il éprouverait aussi des crampes?...

VIRGINIE, *en toilette.* Me voici, mon père, comment me trouvez-vous?

TROUPEAU. Tu es bien... tu es supérieurement bien.... Dieu! quelle ravissante comtesse tu aurais fait!...

VIRGINIE, *l'interrompant.* Mais vous n'êtes pas prêt... Et cette fleuriste qui n'arrive pas...

TROUPEAU. Je vais aller prier monsieur Tondu de la faire descendre... ensuite je passe un habit, et je reviens pour te donner la main...

(Il sort.)

SCÈNE XII.
VIRGINIE, *seule.*

Ce pauvre papa !... il fait tout ce que je veux... c'est dommage que je n'aie pas pu faire tout ce qu'il voulait... ce n'est pas ma faute, j'aime tant Auguste !... Mais cette fleuriste ne vient pas; et je n'aurai jamais le tems d'être coiffée...

(*Elle va s'asseoir devant la psyché, et s'arrange les cheveux. Tondu arrive par le fond avec Adrienne.*)

SCÈNE XIII.
VIRGINIE, TONDU, ADRIENNE.

(*Adrienne, quoique propre, est très-pauvrement vêtue; elle tient un carton à la main, et suit Tondu.*)

TONDU. Par ici, mamzelle, par ici..... (*A Virginie.*) Mademoiselle, c'est la fleuriste...

VIRGINIE, *sans se détourner.* Ah! bien...

TONDU, *à Adrienne.* Mamzelle, on est à vous... Faites excuse...

(Il sort.)

(*Adrienne place son carton sur la table à droite, l'ouvre, prend le bouquet et l'arrange; tout cela en tournant le dos à Virginie.*)

VIRGINIE, *se retourne, et considère un moment Adrienne.* C'est cette pauvre fille! comme elle a l'air malheureux !... habiter une mansarde, et y manquer du nécessaire !... on ne pense pas à cela quand on est riche... (*Haut à Adrienne.*) Mademoiselle, voulez-vous m'apporter?...

ADRIENNE, *se retournant.* Voici ce qu'on m'a demandé.

VIRGINIE. Quelle voix !...

(Les deux jeunes filles se regardent.)

ADRIENNE.
Air : *de Wallace.*

Virginie !

VIRGINIE.
Adrienne !...

(*Elle court à elle.*)

Eh ! quoi, je te revoi !
Quell' surprise est la mienne !
Ah ! quel moment pour moi !

ADRIENNE.

Vous ne pensiez plus, je parie,
A celle qui vous aimait tant....

VIRGINIE.

Le souvenir de mon amie
A mon cœur fut toujours présent.

ENSEMBLE.

Virginie !..... Adrienne !....
Eh ! quoi, je te revoi !
Quell' surprise est la mienne.
Ah ! quel moment pour moi !
Oui, c'est bien toi,
Que je revoi ! } (*bis.*)

ADRIENNE, *tristement.* D'où vient votre étonnement, Virginie?.. ignorez-vous que votre père m'avait chassée de chez lui?...

VIRGINIE. Chassée !... toi !..... pauvre Adrienne !..... oui, sans doute, j'ignorais cela... on m'a dit que tu avais voulu partir... mais pourquoi donc mon père t'a-t-il renvoyée?...

ADRIENNE. Pourquoi?... vous me demandez pourquoi?...

VIRGINIE. Ne me dis pas vous..... Adrienne, ne suis-je plus ton amie?...

ADRIENNE. Ah ! j'ai bien souffert !..... et si je t'en disais la cause...

VIRGINIE. Dis-la-moi.. Adrienne, dis-la-moi... ne me cache rien.

ADRIENNE. Tu le veux?..... Eh bien! c'est à cause de tes intrigues avec M. Doudoux et M. Godibert, que j'ai été honteusement chassée de la maison de ton père... j'aurais pu facilement faire éclater mon innocence, mais pour cela il eût fallu te compromettre, attirer sur toi la colère de ta famille, et je me suis souvenue des bienfaits de ta mère...

Air *d'Aristippe.*

Je lui devais ce cruel sacrifice,
Je dus souffrir qu'on déchirât mon cœur ;
On m'accabla de soupçons, d'injustice,

Et l'on jeta sur moi le déshonneur. (*bis.*)
Oui, cette honte, oui je l'ai supportée ;
Mon dévouement, personne ne l'a su !...
Ah ! maintenant ma dette est acquittée,
Car j'ai donné plus que je n'ai reçu. (*bis.*)

VIRGINIE. C'était pour moi !...

ADRIENNE. Je partis ; j'entrai chez une fleuriste ; je travaillai, espérant qu'un jour celui que j'aimais reviendrait et tiendrait la promesse qu'il m'avait faite de m'épouser... mais hélas ! je n'en reçus pas de nouvelles... je pensai que les propos que l'on avait faits sur mon compte lui avaient été rapportés, que lui aussi m'avait crue coupable... oh ! alors le chagrin s'empara de moi.... je tombai malade..... sans ressource et sans amis pour me soigner...

VIRGINIE. Mon Dieu ! et c'est moi qui ai causé tout cela !... ah ! tu dois bien me haïr !...

(*Elle pleure.*)

ADRIENNE. Virginie, ne pleure pas... te haïr ! oh ! non... j'ai bien souffert, mais je te pardonne..... parlons de toi.... tu es heureuse, n'est-ce pas, tu vas te marier?... ah ! sans doute tu aimes bien celui que tu vas épouser ?... Tiens ! voilà ton bouquet... laisse-moi te l'attacher...

VIRGINIE, *prenant le bouquet.* Donne.... donne-moi...

ADRIENNE. Et qui donc épouses-tu ?...

VIRGINIE, *prenant une résolution.* Tu le sauras plus tard.... (*A part.*) On vient.... (*Elle va voir à la porte.*) C'est lui !... mon Dieu ! mon Dieu !.... donne-moi du courage... (*Haut.*) Adrienne.. entre dans cette chambre... (*Elle indique une chambre à droite.*) Oh ! tiens !...... embrasse-moi, Adrienne...

ADRIENNE, *l'embrassant.* Virginie... tu trembles...

VIRGINIE. Ce n'est rien..... entre là..... entre vite.

(*Elle fait entrer Adrienne et ferme la porte.*)

SCÈNE XIV.
VIRGINIE, *puis* AUGUSTE.

VIRGINIE, *à part.* Aurai-je bien la force?.. (*Auguste paraît.*) C'est lui !... (*Haut.*) Auguste, il faut que je vous parle avant que mon père ne revienne...

AUGUSTE. Me voici, Virginie ; mais qu'avez-vous?... comme vous semblez agitée..... Serait-il arrivé quelque événement ?...

VIRGINIE. Non... rien... c'est que... ce que j'ai à vous dire...

AUGUSTE. Virginie... vous m'effrayez... vos yeux sont remplis de larmes..... mais qu'avez-vous donc, de grâce ?...

VIRGINIE, *s'essuyant les yeux et prenant le bouquet.* Écoutez-moi, Auguste ; vous voyez ce bouquet... Eh bien !... c'est une pauvre fille qui vient de me l'apporter... elle habite une mansarde où elle manque de tout..... quoiqu'elle travaille jour et nuit.. elle aimait un jeune homme en qui elle avait mis l'espoir de son avenir. Ce jeune homme l'a oubliée, ou plutôt l'a crue coupable, et il va en épouser une autre... Eh bien !...

AUGUSTE. Eh bien ?...

VIRGINIE. Ce jeune homme...c'est vous... cette pauvre fille... c'est Adrienne...

AUGUSTE. Adrienne !...

VIRGINIE. Vous l'aimiez... vous reveniez pour l'épouser, lorsque des bruits affreux ont terni sa réputation... vous l'avez abandonnée... abandonnée pour moi... et cependant...

Air *de la Vieille.*

C'est moi seule qui fus blâmable,
Tandis que chacun l'accusait ;
Mais lorsque le destin l'accable,
Je dois divulguer ce secret.
Ces rendez-vous dont on la croit coupable,
C'était à moi qu'on les donnait...

AUGUSTE.
C'était à vous !...

VIRGINIE.
A moi, qu'on les donnait...
Mais trop long-tems cette pauvre Adrienne,
De mes erreurs a supporté la peine.
Auguste, il faut reprendre votre chaîne...

(*Elle court chercher Adrienne.*)

Tenez... sa main remplacera la mienne.

SCÈNE XV.
LES MÊMES, ADRIENNE.

AUGUSTE. (*Parlé.*) Adrienne !

ADRIENNE. Auguste !

VIRGINIE, *les unissant.*
Votre chagrin sera vite oublié,
Entre l'amour et l'amitié.

ENSEMBLE.
Notre chagrin sera vite oublié,
Entre l'amour et l'amitié.

ADRIENNE. Oh ! mon Dieu ! ce n'est point un rêve !...

AUGUSTE. Adrienne !... oh oui ! tu seras ma femme...toi que j'osai croire coupable ! que j'osai soupçonner !...

ADRIENNE. Virginie... Et c'est à toi que je dois ce bonheur !...

VIRGINIE. J'avais causé tout le mal... je devais le réparer.

SCÈNE XVI.

VAUXDORÉ, VIRGINIE, TROUPEAU, AUGUSTE, ADRIENNE, puis DOUDOUX.

(Troupeau sort de la droite, Vauxdoré entre par le fond.)

VAUXDORÉ, *entrant le premier.* Tout est prêt... les voitures nous attendent... les témoins se sont arrêtés dans le jardin...

TROUPEAU. Allons, en route... ma fille, mon gendre... que vois-je! mademoiselle Adrienne!

VAUXDORÉ. Mademoiselle Adrienne!...

VIRGINIE. Oui, mon père... Adrienne, que vous avez injustement chassée de chez vous... Adrienne, qui doit épouser monsieur Auguste Montreville.

TROUPEAU. Epouser monsieur Auguste! tu as dit: épouser monsieur... Ah! pour le coup! c'est trop fort... lorsque les bans sont publiés... que les chevaux et les témoins s'impatientent..... mais enfin, Virginie, en n'épousant plus M. Auguste Montreville...

VIRGINIE. Je suis prête à devenir la femme du comte de Senneville.

TROUPEAU. Qu'as-tu dit?..... Ciel!..... Vauxdoré... embrasse-moi... elle a dit... j'en perdrai l'esprit... ma fille, ma chère fille, ma bien-aimée fille..... où est ma tante?... que trois courriers partent apprendre cela à ma tante... je veux célébrer ce mariage par des fêtes magnifiques... Je veux que l'on y tire trois feux d'artifice...

DOUDOUX, *arrivant avec un paquet énorme de lettres.* Monsieur Troupeau, voici les lettres...

TROUPEAU. Ah! c'est vous, mon ami... ma fille n'épouse plus monsieur Montreville.

DOUDOUX, *laissant tomber le paquet.* Il se pourrait!... quel espoir!...

TROUPEAU. Embrassez-moi... (*Il l'embrasse.*) Maintenant faites-moi l'amitié de retourner au passage du Caire, et de faire mettre à la place du nom de monsieur celui du comte de Senneville.

DOUDOUX. Quelle infâme dérision!..... vous vous moquez de moi, d'une façon...

VAUXDORÉ, *bas à Doudoux.* Allons, pas d'humeur... il y a un repas superbe... trois services sans compter le dessert.

DOUDOUX. Trois services!... allons, soyons homme jusqu'à la fin.

CHŒUR FINAL.

AIR *de l'If de Croissey.*

TROUPEAU, VAUXDORÉ.

ENSEMBLE.

Ah! grand Dieu! quelle ivresse!
De plaisir bat mon cœur,
Elle sera comtesse,
Quel honneur! quel bonheur!

VIRGINIE.

Ce matin, sa tendresse
Suffisait à mon cœur;
Mais je serai comtesse,
Pour moi plus de bonheur!

AUGUSTE, *à Adrienne.*

Ah! mon Dieu, quelle ivresse!
De plaisir bat mon cœur!
Dans mes bras je te presse,
Ah! pour moi quel bonheur!

ADRIENNE.

Ah! mon Dieu, quelle ivresse!
De plaisir bat mon cœur,
J'étais dans la détresse,
Je renais au bonheur.

DOUDOUX.

Partageons leur ivresse,
Etouffons ma douleur;
J'irai chez la comtesse,
C'est encore un bonheur.

TROUPEAU.

Quel changement inespéré!

ADRIENNE.

Ah! mon bonheur est assuré;

VAUXDORÉ.

Ell' s'ra comtesse, c'est pour tout d'bon,

DOUDOUX.

Et j' serai son premier garçon!

TONDU, *annonçant.* Monsieur le comte de Senneville!

(Reprise du chœur. — Le rideau baisse.)

FIN.

www.ingramcontent.com/pod-product-compliance
Lightning Source LLC
Chambersburg PA
CBHW060627050426
42451CB00012B/2461